Fettleber und Diabetes Kochbuch

Das große 2-in-1 Kochbuch mit einfachen und leckeren Rezepten für eine natürliche Linderung von Diabetes Typ 2 und für eine gesunde und gestärkte Leber.

Inhalt

Ernährung bei Fettleber

Vorwort

Liebe Leserin, lieber Leser,

als Autorin und leidenschaftliche Köchin, die stets auf der Suche nach neuen, inspirierenden Ideen für die Küche ist, habe ich es mir zur Aufgabe gemacht, die Ernährung bei einer Fettleber in den Mittelpunkt zu stellen. In diesem Buch findest du daher eine Vielzahl an Rezepten, die alle eines gemeinsam haben: Sie sind liebevoll zusammengestellt, leicht nachzukochen und sie tragen dazu bei, die Symptome einer Fettleber zu lindern und das Wohlbefinden zu steigern.

Das Bewusstsein für eine gesunde Ernährung hat in den letzten Jahren enorm zugenommen und es wird immer deutlicher, dass es kaum einen besseren Weg gibt, unserem Körper Gutes zu tun, als durch eine bewusste Lebensmittelauswahl. Das Ziel dieses Buches ist es, dich auf deinem persönlichen Weg zu einem gesunden Lebensstil zu begleiten und dir zu zeigen, dass eine Ernährung, die auf die Gesundheit der Leber abgestimmt ist, nicht bedeutet, dass du auf Genuss verzichten musst. Ganz im Gegenteil: Die Rezepte in diesem Buch beweisen, dass eine leberfreundliche Ernährung und Genuss Hand in Hand gehen können.

Ich hoffe, dass du durch dieses Kochbuch die Freude am Entdecken und Ausprobieren neuer Rezepte findest. Denn am Ende des Tages geht es nicht nur darum, was wir essen, sondern auch darum, wie wir es zubereiten und genießen. Es ist die Leidenschaft, die Hingabe und die Liebe, die wir in die Zubereitung unserer Mahlzeiten stecken, die sie zu etwas Besonderem machen.

Nun wünsche ich dir viel Spaß beim Ausprobieren der Rezepte und beim Entdecken neuer Lieblingsgerichte. Möge dieses Buch dich auf deinem Weg zu einem gesunden und genussvollen Lebensstil begleiten.

Deine Carina Lehmann

Anmerkung zu den Rezepten

Du magst dich fragen, warum in diesem Kochbuch auf Bilder verzichtet wurde. Eine ungewöhnliche Wahl, das ist mir bewusst, denn wir leben in einer visuell stark orientierten Welt, in der ein Bild oft mehr als tausend Worte zu sagen scheint. Doch gerade im Kontext der Kulinarik glaube ich, dass diese bildlastige Herangehensweise uns manchmal die Möglichkeit nimmt, unsere eigene kreative Interpretation zu entwickeln und uns auf das Wesentliche zu konzentrieren: den Geschmack, die Aromen und die Freude am Kochen.

Stell dir vor, du blätterst durch ein Kochbuch, siehst ein wunderbares Foto eines Gerichts und denkst: „Das möchte ich kochen". Das Bild setzt eine Erwartung. Es formt eine Vorstellung davon, wie das Endergebnis aussehen sollte. Doch was passiert, wenn dein Gericht nicht genau so aussieht wie auf dem Bild? Fühlst du dich dann als hättest du versagt? Dabei geht es beim Kochen doch eigentlich um den Prozess, die Erfahrung und letztendlich den Geschmack – nicht um die Perfektion eines Food-Fotos.

In diesem Kochbuch fehlen die Bilder bewusst. Ohne Bilder bist du frei, dir eigene Vorstellungen zu machen, wie dein Gericht aussehen könnte. Du hast die Freiheit, zu experimentieren, zu variieren und dein eigenes, einzigartiges Gericht zu kreieren.

Zusätzlich lege ich großen Wert darauf, dass du das Kochen als kreativen Prozess erlebst. Jedes Gericht, das du zubereitest, ist Ausdruck deiner Persönlichkeit, deiner Vorlieben, deines Geschmacks. Ohne vorgefertigte Bilder bist du der Künstler, der sein eigenes Kunstwerk schafft – einzigartig und individuell.

In diesem Sinne lade ich dich ein, dich auf diese besondere kulinarische Reise einzulassen. Lass dich von deiner Vorstellungskraft und deinen Geschmacksknospen leiten, nicht von Hochglanzbildern. Ich bin sicher, du wirst dabei ganz neue Seiten des Kochens entdecken.

Suppen & Eintöpfe

Kalte Avocado-Gurken-Suppe

Zubereitungszeit: 15 Minuten
Portionen: 1 Person

Zutaten:

- 1 reife Avocado, halbiert und entkernt
- 1/2 Salatgurke, gewürfelt
- 250 ml fettarme Bio-Milch (1,5 % Fett)
- 2 EL frischer Zitronensaft von einer Bio-Zitrone
- 2 EL frischer Dill, gehackt
- 1 Frühlingszwiebel, in feine Ringe geschnitten
- 1 TL frischer Ingwer, gerieben
- 1 EL natives Olivenöl extra
- Salz und schwarzer Pfeffer, zum Abschmecken

Zubereitung:

1. Halbiere die Avocado, entferne den Kern und löffele das Fruchtfleisch heraus. Die Salatgurke waschen und in kleine Würfel schneiden.

2. Gib die Avocado, die gewürfelte Gurke, die Milch, den Zitronensaft und den Ingwer in einen Mixer oder einen hohen Rührbecher, wenn du einen Stabmixer verwendest.

3. Püriere alles zu einer glatten Masse.

4. Füge nun den frischen Dill und die in Ringe geschnittene Frühlingszwiebel hinzu. Mische alles gut durch.

5. Schmecke die Suppe mit Salz und schwarzem Pfeffer ab. Je nach Vorliebe kannst du auch noch etwas Zitronensaft hinzufügen, um die Suppe etwas säuerlicher zu machen.

6. Zum Schluss die Suppe mit einem EL Olivenöl verfeinern und gut unterrühren.

7. Die Suppe in eine Schüssel geben und für mindestens 30 Minuten in den Kühlschrank stellen, sodass sie schön kalt wird.

8. Vor dem Servieren nochmals kurz umrühren und bei Bedarf nachwürzen. Guten Appetit!

Brokkoli-Cremesuppe

Zubereitungszeit: 25 Minuten
Portionen: 1 Person

Zutaten:

- 150 g Brokkoli, in Röschen geteilt und gewaschen
- 1 EL natives Olivenöl extra
- 1 kleine Zwiebel, gewürfelt
- 1 Knoblauchzehe, fein gehackt
- 200 ml Wasser
- 50 ml fettarme Bio-Milch (1,5 % Fett)
- 1 TL frischer Ingwer, gerieben
- Salz und schwarzer Pfeffer nach Geschmack
- 1 EL frischer Bio-Zitronensaft
- 1 TL Chiasamen

Zubereitung:

1. Erhitze das Olivenöl in einem mittelgroßen Topf über mittlerer Hitze. Füge die gewürfelte Zwiebel hinzu und brate sie an, bis sie glasig ist.
2. Füge den fein gehackten Knoblauch und den geriebenen Ingwer hinzu. Lass alles weitere 2 Minuten braten.
3. Gib die Brokkoliröschen in den Topf und mische sie gut unter. Lasse den Brokkoli etwa 3-4 Minuten anbraten, bis er leicht angebräunt ist.
4. Füge das Wasser hinzu und bringe die Mischung zum Kochen. Reduziere die Hitze und lass die Suppe 10 Minuten köcheln oder bis der Brokkoli weich ist.
5. Nimm den Topf vom Herd und püriere die Suppe mit einem Stabmixer, bis sie cremig und ohne Stückchen ist.
6. Füge die fettarme Milch hinzu und erhitze die Suppe erneut, bis sie heiß ist. Nicht kochen lassen!
7. Würze mit Salz, schwarzem Pfeffer und Zitronensaft ab. Rühre gut um und schmecke die Suppe ab.
8. Fülle die Suppe in eine Schüssel und bestreue sie mit Chiasamen.

Rote Bete-Kohlrabi Suppe

Zubereitungszeit: 30 Minuten
Portionen: 1 Person

Zutaten:

- 1 mittelgroße Rote Beete, geschält und gewürfelt
- 1 Kohlrabi, geschält und gewürfelt
- 1 kleine Zwiebel, fein gehackt
- 1 kleine Karotte, geschält und gewürfelt
- 1 TL frischer Ingwer, fein gehackt
- 1 EL natives Olivenöl extra
- 400 ml Wasser
- 1 TL frischer Thymian, gehackt
- Salz und Schwarzer Pfeffer nach Geschmack
- 1 EL Zitronensaft von einer Bio-Zitrone
- 1 EL Petersilie, fein gehackt (zum Garnieren)

Zubereitung:

1. In einem mittelgroßen Topf das Olivenöl erhitzen. Die gehackte Zwiebel und den Ingwer darin glasig dünsten.

2. Rote Beete, Kohlrabi und Karotte hinzufügen und einige Minuten mitdünsten, bis das Gemüse leicht angebraten ist.

3. Wasser hinzugießen und zum Kochen bringen. Den frischen Thymian hinzufügen.

4. Die Suppe bei niedriger Hitze köcheln lassen, bis das Gemüse weich ist (etwa 20 Minuten).

5. Die Suppe vom Herd nehmen und mit einem Stabmixer pürieren, bis sie eine glatte Konsistenz hat.

6. Mit Salz, schwarzem Pfeffer und Zitronensaft abschmecken.

7. Zum Schluss mit gehackter Petersilie garnieren.

Spinat-Ingwersuppe

Zubereitungszeit: 25 Minuten
Portionen: 1 Person

Zutaten:

- 200 g frischer Spinat, gewaschen und grob gehackt
- 20 g frischer Ingwer, geschält und fein gehackt
- 1 kleine Zwiebel, gewürfelt
- 1 TL natives Olivenöl extra
- 500 ml Wasser
- 1 Bio-Limette, Saft und Abrieb
- 1 TL Chiasamen
- Salz und schwarzer Pfeffer nach Geschmack
- 1 EL fettarmer Bio-Joghurt (1,5 % Fett)
- 1 EL frischer Koriander, fein gehackt (zum Garnieren)

Zubereitung:

1. Erhitze das Olivenöl in einem Topf und dünste die Zwiebel darin glasig an.
2. Füge den Ingwer hinzu und dünste alles für 1-2 Minuten, bis es duftet.
3. Gib den Spinat in den Topf und rühre ihn um, bis er zusammengefallen ist.
4. Füge Wasser hinzu und bringe die Mischung zum Kochen. Lass die Suppe etwa 10 Minuten bei mittlerer Hitze köcheln.
5. Füge den Limettensaft und -abrieb hinzu und püriere die Suppe mit einem Stabmixer, bis sie eine glatte Konsistenz hat.
6. Schmecke die Suppe mit Salz und schwarzem Pfeffer ab.
7. Serviere die Suppe in einer Schüssel, garniere sie mit einem Klecks Joghurt, Chiasamen und frischem Koriander.

Pastinaken-Pfeffer-Cremesuppe

Zubereitungszeit: 25 Minuten
Portionen: 1 Person

Zutaten:

- 2 mittelgroße Pastinaken, geschält und gewürfelt
- 1/2 mittelgroße Zwiebel, gewürfelt
- 1 TL natives Olivenöl extra
- 1 TL frischer Ingwer, fein gehackt
- 1/4 TL gemahlener Kurkuma
- 1/4 TL frisch gemahlener schwarzer Pfeffer
- 500 ml Wasser oder selbstgemachte Gemüsebrühe ohne Zusatzstoffe
- 50 ml fettarme Bio-Milch (1,5 % Fett) oder alternativ Hafermilch, ungesüßt
- 1 EL frische Petersilie, fein gehackt
- Salz, nach Geschmack

Zubereitung:

1. In einem mittelgroßen Topf das Olivenöl erhitzen. Die gewürfelte Zwiebel darin anbraten, bis sie glasig ist.

2. Die gewürfelten Pastinaken, frischen Ingwer und Kurkuma hinzufügen und weiter anbraten, bis alles leicht goldbraun ist.

3. Das Wasser oder die Gemüsebrühe hinzugießen, sodass das Gemüse gut bedeckt ist. Die Hitze reduzieren und die Suppe 15-20 Minuten köcheln lassen, bis die Pastinaken weich sind.

4. Die Suppe vom Herd nehmen und mit einem Stabmixer pürieren, bis sie eine cremige Konsistenz hat. Wenn die Suppe zu dickflüssig ist, ein wenig mehr Wasser oder Milch hinzufügen.

5. Die Suppe zurück auf den Herd stellen, schwarzen Pfeffer und Salz nach Geschmack hinzufügen und noch einmal aufkochen lassen.

6. Die Suppe von der Hitze nehmen und die fettarme Milch oder Hafermilch einrühren.

7. Zum Schluss mit der frisch gehackten Petersilie garnieren. Guten Appetit!

Kürbissuppe mit Kokosmilch

Zubereitungszeit: 30 Minuten
Portionen: 1 Person

Zutaten:

- 200 g Hokkaido-Kürbis, gewürfelt
- 150 ml Kokosmilch, ungesüßt
- 50 ml fettarme Bio-Milch (1,5 % Fett)
- 1 kleine Zwiebel, gewürfelt
- 1 EL natives Olivenöl extra
- 1/2 TL Kurkuma
- 1 TL frischer Ingwer, gerieben
- 1/2 TL Schwarzer Pfeffer, gemahlen
- 1 TL frischer Koriander, gehackt
- Salz nach Geschmack
- 200 ml Wasser
- 1 EL Kürbiskerne zum Garnieren
- Frische Petersilie zum Garnieren

Zubereitung:

1. In einem Topf das Olivenöl erhitzen und die Zwiebeln darin glasig dünsten.

2. Die Kürbiswürfel hinzufügen und für etwa 5 Minuten mitdünsten, bis sie leicht angebräunt sind.

3. Den geriebenen Ingwer und Kurkuma hinzufügen und alles gut vermengen.

4. Mit Wasser aufgießen und zum Kochen bringen. Sobald es kocht, die Hitze reduzieren und etwa 15-20 Minuten köcheln lassen, bis der Kürbis weich ist.

5. Vom Herd nehmen und mit einem Pürierstab pürieren, bis eine cremige Konsistenz entsteht.

6. Die Kokosmilch und fettarme Milch unterrühren und die Suppe erneut erhitzen, aber nicht kochen lassen.

7. Mit Salz und schwarzem Pfeffer abschmecken.

8. In eine Schüssel geben und mit Kürbiskernen und frischer Petersilie garnieren.

9. Zum Schluss den frischen Koriander darüberstreuen.

Fenchel-Lauch-Suppe

Zubereitungszeit: 30 Minuten
Portionen: 1 Person

Zutaten:

- 1 kleine Fenchelknolle, gewaschen und in dünne Streifen geschnitten
- 1 kleine Lauchstange, gewaschen und in Ringe geschnitten
- 2 EL natives Olivenöl extra
- 2 kleine Karotten, geschält und gewürfelt
- 1 Knoblauchzehe, fein gehackt
- 500 ml Wasser
- 1/2 TL Kurkuma
- Salz und Schwarzer Pfeffer, nach Geschmack
- 1 EL Zitronensaft von einer Bio-Zitrone
- 1 TL frisch gehackter Basilikum
- 1 EL fettarmer Bio-Joghurt (1,5 % Fett), zum Garnieren

Zubereitung:

1. In einem mittelgroßen Topf das Olivenöl erhitzen. Fenchel, Lauch, Karotten und Knoblauch hinzufügen und bei mittlerer Hitze für etwa 5-7 Minuten anbraten, bis das Gemüse weich ist und leicht gebräunt ist.

2. Wasser zum Gemüse hinzufügen und zum Kochen bringen. Kurkuma, Salz und Pfeffer hinzufügen und die Hitze reduzieren, um die Suppe bei niedriger Hitze 15 Minuten köcheln zu lassen.

3. Die Suppe vom Herd nehmen und mit einem Stabmixer oder in einem Standmixer pürieren, bis sie glatt und cremig ist.

4. Die Suppe zurück in den Topf geben und erneut erhitzen. Den Zitronensaft und den gehackten Basilikum hinzufügen und gut umrühren.

5. Die heiße Suppe in eine Schüssel geben und mit einem Löffel Joghurt garnieren.

Wirsing-Eintopf mit Hühnerfleisch

Zubereitungszeit: 30 Minuten
Portionen: 1 Person

Zutaten:

- 200 g Hühnerbrust, in kleine Würfel geschnitten
- 150 g Wirsing, gewaschen und in Streifen geschnitten
- 1 mittelgroße Karotte, geschält und gewürfelt
- 1 kleine Zwiebel, fein gehackt
- 2 EL natives Olivenöl extra
- 1 TL frischer Ingwer, fein gerieben
- 1 Liter Wasser
- 1 TL Kurkuma
- 1 TL Rosmarin, frisch oder getrocknet
- Salz und schwarzer Pfeffer nach Geschmack
- 2 EL frische Petersilie, gehackt
- 50 ml Hafermilch, ungesüßt
- 1 EL Sonnenblumenkerne

Zubereitung:

1. Erhitze das Olivenöl in einem großen Topf. Füge die gehackte Zwiebel hinzu und dünste sie, bis sie glasig ist.

2. Gib die Hühnerbrustwürfel dazu und brate sie an, bis sie rundherum leicht gebräunt sind.

3. Füge die Karottenwürfel und den geriebenen Ingwer hinzu. Alles gut umrühren und für 2-3 Minuten weiter braten.

4. Jetzt den Wirsing in den Topf geben und kurz mit den anderen Zutaten vermengen.

5. Das Wasser hinzugießen und die Hitze erhöhen, bis der Eintopf zu köcheln beginnt.

6. Kurkuma, Rosmarin, Salz und Pfeffer hinzufügen. Die Hitze reduzieren und den Eintopf 20 Minuten köcheln lassen.

7. Nachdem alles gut durchgekocht ist, die Hafermilch hinzugeben und gut umrühren. Weitere 2 Minuten köcheln lassen.

8. Den Topf vom Herd nehmen und die frische Petersilie unterrühren.

9. Den Eintopf in eine Schüssel geben und mit Sonnenblumenkernen bestreuen.

Mairübeneintopf mit Wildfleisch

Zubereitungszeit: 30 Minuten
Portionen: 1 Person

Zutaten:

- 150 g Wildfleisch (z.B. Reh), in kleine Stücke geschnitten
- 2 Mairüben, gewürfelt
- 1 Karotte, in Scheiben
- 1 kleine Zwiebel, gewürfelt
- 2 EL natives Olivenöl extra
- 750 ml Wasser
- 1 TL frischer Ingwer, gerieben
- 1 Knoblauchzehe, fein gehackt
- 1 TL frischer Rosmarin, gehackt
- Salz und schwarzer Pfeffer, nach Geschmack
- 1 EL Bio-Zitronensaft
- Ein Handvoll Spinat

Zubereitung:

1. Erhitze das Olivenöl in einem Topf. Füge die Zwiebeln und den Knoblauch hinzu und dünste sie, bis sie glasig sind.

2. Gib das Wildfleisch hinzu und brate es von allen Seiten an, bis es leicht gebräunt ist.

3. Füge die Mairüben und Karotten hinzu und brate sie kurz mit an.

4. Gieße das Wasser hinzu und bringe alles zum Kochen. Reduziere dann die Hitze und lasse den Eintopf für etwa 20 Minuten köcheln.

5. Während des Köchelns füge den Ingwer, den Rosmarin, Salz und Pfeffer hinzu. Rühre regelmäßig um.

6. Kurz vor Ende der Garzeit füge den Spinat und den Zitronensaft hinzu und koche alles noch einmal auf.

7. Überprüfe die Konsistenz und würze bei Bedarf nach. Sobald das Fleisch zart und das Gemüse weich ist, ist der Eintopf fertig. Guten Appetit.

Artischocken-Kokos-Suppe

Zubereitungszeit: 25 Minuten
Portionen: 1 Person

Zutaten:

- 2 Artischockenherzen, gekocht und gewürfelt
- 200 ml Kokosmilch, ungesüßt
- 1/2 Zwiebel, gewürfelt
- 1 Knoblauchzehe, fein gehackt
- 1 EL natives Olivenöl extra
- 1/2 Bio-Limette, Saft davon
- 2 TL frischer Ingwer, gerieben
- 1/2 TL Kurkuma
- 1 TL frischer Koriander, gehackt
- Salz und schwarzer Pfeffer nach Geschmack
- 50 ml Wasser
- Einige Blätter frisches Basilikum zum Garnieren

Zubereitung:

1. Erhitze in einem Topf das Olivenöl und dünste die Zwiebeln und den Knoblauch darin an, bis sie glasig sind.
2. Füge die Artischockenherzen und den geriebenen Ingwer hinzu. Dünste alles weitere 2 Minuten an.
3. Gib Kurkuma und Koriander in den Topf und rühre gut um, sodass alles gleichmäßig verteilt ist.
4. Füge jetzt die Kokosmilch und das Wasser hinzu und lass die Suppe für etwa 10 Minuten auf niedriger Flamme köcheln.
5. Püriere die Suppe mit einem Stabmixer oder in einem Standmixer, bis sie cremig ist.
6. Gib den Limettensaft dazu, rühre gut um und schmecke die Suppe mit Salz und Pfeffer ab.
7. Zum Schluss garniere die Suppe mit frischem Basilikum.

Zucchini-Curry-Suppe

Zubereitungszeit: 25 Minuten
Portionen: 1 Person

Zutaten:

- 1 mittelgroße Zucchini, gewürfelt
- 1 kleine Zwiebel, fein gehackt
- 1 TL frischer Ingwer, gerieben
- 1 EL natives Olivenöl extra
- 1 TL Currypulver
- 1/2 TL Kurkuma
- 200 ml Kokosmilch, ungesüßt
- 200 ml Wasser
- 1 EL frischer Bio-Zitronensaft
- 1 EL frischer Koriander, gehackt
- Salz und schwarzer Pfeffer zum Abschmecken

Zubereitung:

1. Du erhitzt das Olivenöl in einem Topf und dünstest die fein gehackte Zwiebel darin glasig an.

2. Gib den frisch geriebenen Ingwer und die gewürfelte Zucchini hinzu. Du lässt alles für etwa 5 Minuten dünsten, bis die Zucchini leicht gebräunt ist.

3. Jetzt fügst du das Currypulver und den Kurkuma hinzu. Du rührst alles gut um und lässt es kurz anrösten.

4. Gieße nun das Wasser und die Kokosmilch hinzu. Bring alles zum Kochen und lass es dann für etwa 15 Minuten auf niedriger Hitze köcheln.

5. Wenn die Zucchini weich ist, kannst du die Suppe vom Herd nehmen und mit einem Stabmixer pürieren, bis sie eine cremige Konsistenz hat.

6. Schmecke deine Suppe mit Salz, schwarzem Pfeffer und einem Spritzer Zitronensaft ab.

7. Zum Schluss bestreust du die Suppe mit frisch gehacktem Koriander.

Grünkohleintopf mit Rind

Zubereitungszeit: 35 Minuten
Portionen: 1 Person

Zutaten:

- 100 g Rindfleisch, gewürfelt
- 150 g Grünkohl, gewaschen und grob gehackt
- 1 kleine Zwiebel, gewürfelt
- 1 kleine Karotte, geschält und gewürfelt
- 1/2 Pastinake, geschält und gewürfelt
- 1 TL frischer Ingwer, fein gehackt
- 2 EL natives Olivenöl extra
- 500 ml Wasser
- 1/2 TL Kurkuma
- 1 TL frischer Rosmarin, gehackt
- Salz und schwarzer Pfeffer nach Geschmack

Zubereitung:

1. Erhitze in einem mittelgroßen Topf das Olivenöl auf mittlerer Stufe. Füge die gewürfelten Zwiebeln hinzu und dünste sie, bis sie glasig sind.

2. Gib das gewürfelte Rindfleisch in den Topf und brate es an, bis es rundum schön angebräunt ist.

3. Füge Karotten, Pastinaken und Ingwer hinzu und dünste alles zusammen für weitere 3 Minuten.

4. Streue den Kurkuma und den Rosmarin über das Gemüse und das Fleisch. Rühre alles gut um, damit die Gewürze gleichmäßig verteilt sind.

5. Gib den Grünkohl dazu und vermische alles sorgfältig.

6. Gieße das Wasser in den Topf und erhöhe die Hitze, um alles zum Kochen zu bringen.

7. Sobald der Eintopf kocht, reduziere die Hitze, decke den Topf ab und lasse alles für etwa 25 Minuten köcheln.

8. Überprüfe, ob das Rindfleisch zart und der Grünkohl weich ist. Schmecke mit Salz und Pfeffer ab.

9. Wenn alles gar ist, nimm den Topf vom Herd und lasse den Eintopf kurz ruhen. Dann serviere ihn in einer tiefen Schüssel.

Sellerie-Apfel-Cremesuppe

Zubereitungszeit: 30 Minuten
Portionen: 1 Person

Zutaten:

- 150 g Wurzelsellerie, geschält und gewürfelt
- 1 mittelgroßer Apfel (z.B. eine Sorte wie Braeburn), geschält, entkernt und gewürfelt
- 1 kleine Zwiebel, gewürfelt
- 1 TL frischer Ingwer, fein gehackt
- 2 EL natives Olivenöl extra
- 400 ml Gemüsebrühe ohne Zuckerzusatz
- 50 ml fettarme Bio-Milch (1,5 % Fett)
- 1 TL frischer Thymian, fein gehackt
- Salz und Schwarzer Pfeffer zum Abschmecken
- 1 EL frischer Bio-Zitronensaft

Zubereitung:

1. In einem mittelgroßen Topf das Olivenöl erhitzen. Die gewürfelte Zwiebel, den Ingwer und den Wurzelsellerie hinzufügen. Alles für etwa 5 Minuten dünsten, bis die Zwiebeln glasig sind.

2. Nun die Apfelwürfel in den Topf geben und weitere 3-4 Minuten dünsten.

3. Mit der Gemüsebrühe ablöschen und zum Kochen bringen. Den Thymian hinzufügen und die Suppe für etwa 15-20 Minuten köcheln lassen, bis der Sellerie und der Apfel weich sind.

4. Die Suppe vom Herd nehmen und mit einem Stabmixer pürieren, bis sie cremig ist.

5. Die fettarme Milch unterrühren und die Suppe erneut erhitzen, jedoch nicht zum Kochen bringen.

6. Mit Salz, Pfeffer und Zitronensaft abschmecken.

Grünkern-Gemüse-Suppe

Zubereitungszeit: 25 Minuten
Portionen: 1 Person

Zutaten:

- 40 g Grünkern, gut gespült
- 250 ml Wasser
- 1 kleine Zwiebel, fein gehackt
- 1 kleine Karotte, gewürfelt
- 1/4 Zucchini, gewürfelt
- 3 frische Champignons, in dünne Scheiben geschnitten
- 1 Frühlingszwiebel, in Ringe geschnitten
- 1/2 TL frischer Ingwer, fein gehackt
- 1 EL natives Olivenöl extra
- 1 TL frischer Thymian, gehackt
- 1 TL frischer Oregano, gehackt
- 1 Bio-Zitrone, Abrieb und Saft
- 200 ml Dinkelmilch, ungesüßt
- Salz und Schwarzer Pfeffer zum Abschmecken

Zubereitung:

1. In einem mittelgroßen Topf das Olivenöl erhitzen und die gehackte Zwiebel und den Ingwer darin glasig dünsten.

2. Die gewürfelte Karotte, Zucchini und Champignons hinzufügen und für etwa 5 Minuten weiter dünsten, bis das Gemüse leicht gebräunt und weich ist.

3. Den Grünkern hinzufügen und kurz mit dem Gemüse anbraten.

4. Mit Wasser ablöschen und zum Kochen bringen.

5. Die Suppe bei niedriger Hitze für etwa 15 Minuten köcheln lassen.

6. Dinkelmilch, Thymian, Oregano, Zitronenabrieb und -saft hinzufügen und die Suppe weitere 5 Minuten köcheln lassen.

7. Mit Salz und schwarzem Pfeffer abschmecken, sowie mit Frühlingszwiebelringen garnieren.

Rucola-Knoblauch-Suppe

Zubereitungszeit: 25 Minuten
Portionen: 1 Person

Zutaten:

- 50 g frischer Rucola, gewaschen und grob gehackt
- 2 kleine Knoblauchzehen, fein gehackt
- 1 kleine Zwiebel, gewürfelt
- 300 ml Gemüsebrühe ohne Zusatzstoffe
- 1 EL natives Olivenöl extra
- 2 EL fettarmer Bio-Joghurt (1,5 % Fett)
- Salz und schwarzer Pfeffer nach Geschmack
- Einige Walnüsse, grob gehackt, zum Garnieren
- Ein Spritzer Bio-Zitronensaft

Zubereitung:

1. Erhitze das Olivenöl in einem Topf und dünste die Zwiebeln und den Knoblauch darin an, bis sie glasig sind.
2. Füge die Gemüsebrühe hinzu und bringe die Mischung zum Kochen.
3. Wenn es kocht, reduziere die Hitze und füge den Rucola hinzu. Lass die Suppe für etwa 10 Minuten köcheln.
4. Nimm den Topf vom Herd und püriere die Suppe mit einem Stabmixer, bis sie eine glatte Konsistenz hat.
5. Gib den Joghurt dazu und rühre gut um.
6. Schmecke die Suppe mit Salz, Pfeffer und einem Spritzer Zitronensaft ab.
7. Garniere die Suppe mit einigen gehackten Walnüssen.

Salate

Erbsen-Feldsalat mit Mandeln

Zubereitungszeit: 15 Minuten
Portionen: 1 Person

Zutaten:

- 50 g Erbsen, frisch oder tiefgekühlt
- 50 g Feldsalat, gewaschen und getrocknet
- 10 Mandeln, grob gehackt
- 1 Bio-Zitrone, Schale abgerieben und Saft ausgepresst
- 1 TL natives Olivenöl extra
- 1 Prise Salz
- 1 Prise Schwarzer Pfeffer
- 1 EL frischer Basilikum, gehackt

Zubereitung:

1. Wenn du frische Erbsen verwendest, blanchiere sie kurz in kochendem Wasser, bis sie weich, aber noch bissfest sind. Falls du tiefgekühlte Erbsen benutzt, lass sie einfach auftauen.

2. In einer großen Schüssel mischst du den Feldsalat mit den Erbsen.

3. Für das Dressing vermengst du den Zitronensaft, den abgeriebenen Zitronenschal, das Olivenöl, Salz und Pfeffer in einer kleinen Schale.

4. Gib das Dressing über den Salat und vermische alles vorsichtig.

5. Streu die gehackten Mandeln und den Basilikum darüber. Guten Appetit!

Lachs-Avocado-Salat

Zubereitungszeit: 20 Minuten
Portionen: 1 Person

Zutaten:

- 100 g Wildlachs, frisch und ohne Haut
- 1 reife Avocado, entkernt und gewürfelt
- Saft einer Bio-Zitrone
- 1 Handvoll Feldsalat, gewaschen und getrocknet
- 1 EL frischer Koriander, gehackt
- 1 EL natives Olivenöl extra
- 1 TL frischer Ingwer, gerieben
- Salz und Schwarzer Pfeffer nach Geschmack
- 1 TL Sesamsamen, geröstet

Zubereitung:

1. In einer Pfanne das Olivenöl erhitzen und den Lachs darin von beiden Seiten für jeweils 3-4 Minuten braten, bis er durch ist und eine goldbraune Kruste hat. Aus der Pfanne nehmen und etwas abkühlen lassen.

2. In der Zwischenzeit die gewürfelte Avocado in eine Schüssel geben und mit dem Saft der Zitrone beträufeln, um sie vor dem Braunwerden zu schützen.

3. Den Lachs mit einer Gabel in kleinere Stücke zerpflücken und zur Avocado geben.

4. Feldsalat, geriebenen Ingwer und gehackten Koriander hinzufügen.

5. Alles vorsichtig vermengen, damit die Avocado ihre Form behält. Mit Salz und schwarzem Pfeffer abschmecken.

6. Den Salat auf einen Teller geben und mit den gerösteten Sesamsamen bestreuen. Guten Appetit!

Rote Beete-Salat mit Walnüssen

Zubereitungszeit: 20 Minuten
Portionen: 1 Person

Zutaten:

- 1 mittelgroße Rote Beete, gekocht und gewürfelt
- 50 g Walnüsse, grob gehackt
- 1 Bio-Zitrone, Saft und Abrieb
- 1 kleiner Apfel, entkernt und gewürfelt
- 100 g Feldsalat, gewaschen und abgetropft
- 50 g Feta-Käse, zerbröselt (bis 45 % Fett)
- 2 EL natives Olivenöl extra
- 1 EL Dinkelmilch, ungesüßt
- 1 TL frischer Ingwer, fein gerieben
- Salz und Schwarzer Pfeffer, nach Geschmack
- 1 EL Sonnenblumenkerne
- Frische Petersilie, fein gehackt

Zubereitung:

1. In einer großen Schüssel die gewürfelte Rote Beete, den Apfel, den Feldsalat und die gehackten Walnüsse vermengen.

2. In einer kleinen Schüssel Olivenöl, Dinkelmilch, Zitronensaft, Zitronenabrieb und geriebenen Ingwer zu einem Dressing verrühren. Mit Salz und Pfeffer abschmecken.

3. Das Dressing über den Salat gießen und gut vermengen.

4. Den Salat auf einem Teller anrichten, mit zerbröseltem Feta-Käse und Sonnenblumenkernen bestreuen.

5. Zum Schluss mit frischer Petersilie garnieren. Fertig.

Spinat-Salat mit Forelle und Radieschen

Zubereitungszeit: 20 Minuten
Portionen: 1 Person

Zutaten:

- 100 g frischer Spinat, gewaschen und grob gehackt
- 1 geräucherte Forelle, enthäutet und zerpflückt
- 5-6 Radieschen, gewaschen und in dünne Scheiben geschnitten
- 1 Frühlingszwiebel, in feine Ringe geschnitten
- 1 EL Kürbiskerne, leicht geröstet
- 2 EL fettarmer Bio-Joghurt (1,5 % Fett)
- 1 TL natives Olivenöl extra
- Saft einer halben Bio-Zitrone
- Eine Prise Salz
- Eine Prise frisch gemahlener schwarzer Pfeffer
- 1 TL frischer Dill, fein gehackt

Zubereitung:

1. Nimm eine große Schüssel und gib den frischen Spinat hinein.

2. Verteile die zerpflückte Forelle und die Radieschenscheiben gleichmäßig auf dem Spinat.

3. Streue die Frühlingszwiebelringe und Kürbiskerne darüber.

4. In einer kleinen Schüssel vermische den Joghurt, Olivenöl, Zitronensaft, Salz, Pfeffer und Dill miteinander, bis du ein glattes Dressing erhältst.

5. Gieße das Dressing vorsichtig über den Salat und vermische alles sanft miteinander, sodass alle Zutaten gut bedeckt sind.

Brokkoli-Rucola-Salat

Zubereitungszeit: 20 Minuten
Portionen: 1 Person

Zutaten:

- 150 g Brokkoli, in kleine Röschen geschnitten
- 50 g Rucola, gewaschen und getrocknet
- 1 mittelgroße Karotte, fein geraspelt
- 6-8 Kirschtomaten, halbiert (Nur in geringen Mengen erlaubt, abhängig von individueller Verträglichkeit)
- 1 TL Sesam, geröstet
- 1 Bio-Zitrone, Saft und abgeriebene Schale
- 2 EL natives Olivenöl extra
- 1 TL frischer Ingwer, gerieben
- Salz und schwarzer Pfeffer zum Abschmecken
- 1 EL gehackte Petersilie

Zubereitung:

1. Wasser in einem kleinen Topf zum Kochen bringen. Die Brokkoli-Röschen hinzufügen und 3 Minuten blanchieren, bis sie leicht weich sind, aber immer noch Biss haben. Sofort in ein Sieb geben und unter kaltem Wasser abspülen, um den Kochprozess zu stoppen.

2. In einer großen Schüssel den Rucola, die geraspelte Karotte und die halbierten Kirschtomaten vermischen.

3. Für das Dressing den Zitronensaft, die abgeriebene Zitronenschale, das Olivenöl und den geriebenen Ingwer in einer kleinen Schüssel verrühren. Mit Salz und Pfeffer abschmecken.

4. Das Dressing über den Salat geben und gut vermischen. Den gerösteten Sesam und die gehackte Petersilie darüber streuen. Fertig.

Karotten-Salat mit frischer Minze

Zubereitungszeit: 15 Minuten
Portionen: 1 Person

Zutaten:

- 2 mittelgroße Karotten, geschält und fein geraspelt
- 1 kleiner Apfel, geschält und fein gewürfelt
- 5 frische Minzblätter, fein gehackt
- 30 g Walnüsse, grob gehackt
- 1 EL natives Olivenöl extra
- 1 EL frischer Zitronensaft von einer Bio-Zitrone
- 1 EL fettarmer Bio-Joghurt (1,5 % Fett)
- Salz und schwarzer Pfeffer, nach Geschmack
- 1 TL Sesam

Zubereitung:

1. In einer großen Schüssel die geraspelten Karotten und die Apfelwürfel vermischen.

2. Die gehackten Minzblätter und Walnüsse hinzufügen und gut vermengen.

3. In einer kleinen Schüssel Olivenöl, Zitronensaft und Joghurt zu einem Dressing verrühren. Mit Salz und Pfeffer abschmecken.

4. Das Dressing über den Karottensalat gießen und gut vermischen, sodass alles gleichmäßig bedeckt ist.

5. Den Salat in einer Servierschale anrichten und mit Sesam bestreuen.

Zucchini-Bohnen-Salat

Zubereitungszeit: 15 Minuten
Portionen: 1 Person

Zutaten:

- 1 mittelgroße Zucchini, gewaschen und in dünne Scheiben geschnitten
- 100 g grüne Bohnen, gewaschen und in 2 cm Stücke geschnitten
- 1 Frühlingszwiebel, gewaschen und in dünne Ringe geschnitten
- 5 Cherrytomaten, gewaschen und halbiert (Nur in geringen Mengen erlaubt, abhängig von individueller Verträglichkeit)
- 2 EL körniger Frischkäse
- 1 EL natives Olivenöl extra
- 1 Bio-Zitrone, Saft und Abrieb
- Salz und schwarzer Pfeffer zum Abschmecken
- 1 TL frisch gehackter Basilikum
- 1 TL frisch gehackter Oregano

Zubereitung:

1. Zuerst Wasser in einem Topf zum Kochen bringen und leicht salzen. Die grünen Bohnen darin etwa 3-4 Minuten blanchieren, bis sie bissfest sind. Mit einem Sieb abgießen und kurz mit kaltem Wasser abschrecken, um den Garprozess zu stoppen.

2. In einer großen Schüssel die Zucchinischeiben, Frühlingszwiebelringe und Cherrytomatenhälften vermengen.

3. In einer kleinen Schüssel Olivenöl, Zitronensaft, Zitronenabrieb, Salz und Pfeffer zu einem Dressing vermischen.

4. Das Dressing über das Gemüse geben und alles gut vermengen.

5. Die blanchierten grünen Bohnen und den körnigen Frischkäse unterheben.

6. Den Salat auf einem Teller anrichten und mit dem frisch gehackten Basilikum und Oregano bestreuen.

Artischocken-Rosenkohl-Salat

Zubereitungszeit: 25 Minuten
Portionen: 1 Person

Zutaten:

- 3 frische Artischockenherzen, geviertelt
- 5 Rosenkohlröschen, geviertelt
- 1 kleiner Apfel, gewürfelt
- 1 kleine Karotte, fein gerieben
- 50 g fettarmer Bio-Joghurt (1,5 % Fett)
- 1 EL gehackte Walnüsse
- 1 TL frisch gehackter Dill
- 1 TL natives Olivenöl extra
- Saft einer halben Bio-Limette
- Salz und schwarzer Pfeffer zum Abschmecken

Zubereitung:

1. Bringe einen kleinen Topf mit Wasser zum Kochen. Gebe die geviertelten Artischockenherzen und Rosenkohlröschen hinein und lasse sie 5-7 Minuten blanchieren, bis sie zart sind, aber noch Biss haben. Gieße das Wasser ab und lasse das Gemüse abkühlen.

2. In einer mittelgroßen Schüssel vermengst du den Apfel, die geriebene Karotte und die blanchierten Gemüsestücke.

3. In einer kleinen Schüssel bereitest du das Dressing zu: Vermische den Joghurt, Olivenöl, Limettensaft, Dill und würze mit Salz und Pfeffer. Rühre alles gut durch, bis es eine glatte Konsistenz hat.

4. Gieße das Dressing über den Salat und vermische alles sorgfältig.

5. Zum Schluss bestreust du den Salat mit den gehackten Walnüssen.

Wurzelsellerie-Salat mit Kresse

Zubereitungszeit: 20 Minuten
Portionen: 1 Person

Zutaten:

- 150 g Wurzelsellerie, geschält und fein gerieben
- 1 kleine rote Zwiebel, fein gehackt
- 1 Apfel, gewürfelt
- 1 EL Sonnenblumenkerne, geröstet
- 1 Handvoll Kresse, gewaschen
- 2 EL fettarmer Bio-Joghurt (1,5 % Fett)
- 1 TL natives Olivenöl extra
- Saft einer halben Bio-Zitrone
- 1 TL frisch gehackter Dill
- Salz und Schwarzer Pfeffer nach Geschmack

Zubereitung:

1. Nimm eine große Schüssel und mische die geriebene Wurzelsellerie, Apfelwürfel und Zwiebeln darin.

2. Füge den Joghurt, Olivenöl und Zitronensaft hinzu und vermische alles gut miteinander.

3. Röste die Sonnenblumenkerne in einer Pfanne ohne Öl, bis sie goldbraun sind. Pass dabei gut auf, dass sie nicht verbrennen.

4. Gib die gerösteten Sonnenblumenkerne und den gehackten Dill zum Salat und vermische alles erneut.

5. Mit Salz und Pfeffer abschmecken und zum Schluss die Kresse darüber streuen.

6. Zum Schluss den Salat für etwa 10 Minuten im Kühlschrank ziehen lassen.

Gurken-Papaya-Salat

Zubereitungszeit: 15 Minuten
Portionen: 1 Person

Zutaten:
- 1 mittelgroße Gurke, gewaschen und in dünne Scheiben geschnitten
- 1/2 reife Papaya, entkernt und in Würfel geschnitten
- 1 Frühlingszwiebel, gewaschen und in dünne Ringe geschnitten
- 5 Erdbeeren, gewaschen und geviertelt
- 1 EL Kürbiskerne
- 1 EL frischer Bio-Zitronensaft
- 1 TL natives Olivenöl extra
- 1 EL frische Minze, gewaschen und gehackt
- Eine Prise Salz
- Eine Prise schwarzer Pfeffer

Zubereitung:
1. In einer Schüssel die Gurkenscheiben, Papaya-Würfel, Frühlingszwiebelringe und Erdbeerviertel vermengen.
2. In einer kleinen Schale Zitronensaft, Olivenöl, Salz und Pfeffer zu einem Dressing verrühren.
3. Das Dressing über den Salat gießen und gut vermischen, sodass alles gut bedeckt ist.
4. Den Salat mit Kürbiskernen und frischer Minze bestreuen.
5. Zum Schluss den Salat auf einem Teller anrichten und servieren.

Spinat-Erdbeer-Salat

Zubereitungszeit: 15 Minuten
Portionen: 1 Person

Zutaten:

- 100 g frischer Spinat, gewaschen und getrocknet
- 5-6 frische Erdbeeren, gewaschen und in Scheiben geschnitten
- 50 g Feta-Käse, zerbröckelt (bis 45 % Fett)
- 2 EL Walnüsse, grob gehackt
- 1 Frühlingszwiebel, in feine Ringe geschnitten
- 1 EL natives Olivenöl extra
- 1 TL frisch gepresster Bio-Zitronensaft
- 1 TL frisch gehackter Basilikum
- Salz und schwarzer Pfeffer zum Abschmecken

Zubereitung:

1. In einer großen Schüssel den frischen Spinat, die Erdbeerscheiben und die Frühlingszwiebelringe vermengen.

2. In einer kleinen Schale das Olivenöl, den Zitronensaft, den gehackten Basilikum, Salz und Pfeffer vermischen, um ein Dressing herzustellen.

3. Das Dressing über den Salat gießen und alles gut vermengen, sodass der Spinat und die Erdbeeren gleichmäßig bedeckt sind.

4. Den Salat auf einen Teller geben, mit zerbröckeltem Feta-Käse und gehackten Walnüssen bestreuen.

Feldsalat mit Mandel-Dressing

Zubereitungszeit: 15 Minuten
Portionen: 1 Person

Zutaten:

- 60 g Feldsalat, gewaschen und trocken getupft
- 10 Mandeln, grob gehackt
- 1 kleine Karotte, in feine Streifen geraspelt
- 4-5 Himbeeren, gewaschen
- 1 EL natives Olivenöl extra
- 1 TL Zitronensaft von einer Bio-Zitrone
- 1 TL Mandelmus
- 1/4 TL frisch geriebener Ingwer
- Salz und Schwarzer Pfeffer, nach Geschmack
- 1 EL Wasser
- 1 EL frischer Basilikum, fein gehackt

Zubereitung:

1. Zuerst das Dressing zubereiten. In einer kleinen Schüssel Olivenöl, Zitronensaft, Mandelmus und frisch geriebenen Ingwer miteinander vermischen. Das Wasser hinzufügen und gut umrühren, bis ein glattes Dressing entsteht. Mit Salz und Pfeffer abschmecken.

2. Den Feldsalat auf einem Teller verteilen. Die geraspelte Karotte und Himbeeren darüber streuen.

3. Das Dressing gleichmäßig über den Salat träufeln.

4. Zum Schluss die grob gehackten Mandeln und den frisch gehackten Basilikum über den Salat streuen.

Quinoa-Salat mit grünen Bohnen

Zubereitungszeit: 25 Minuten
Portionen: 1 Person

Zutaten:

- 60 g Quinoa, gewaschen
- 100 g grüne Bohnen, geputzt und halbiert
- 1 kleiner Apfel, gewürfelt
- 2 Radieschen, in dünne Scheiben geschnitten
- 1 Frühlingszwiebel, in Ringe geschnitten
- 10 g Walnüsse, grob gehackt
- 1 TL frischer Ingwer, gerieben
- 1 EL natives Olivenöl extra
- Saft einer halben Bio-Limette
- Eine Prise frischer Basilikum, gehackt
- Eine Prise Schwarzer Pfeffer
- Eine Prise Salz

Zubereitung:

1. Bring eine kleine Menge Wasser zum Kochen. Gib den Quinoa hinzu und koche ihn nach Packungsanweisung. Wenn der Quinoa gar ist, gieß das Wasser ab und lass den Quinoa abkühlen.

2. In einem weiteren Topf Wasser zum Kochen bringen. Die grünen Bohnen hinzugeben und etwa 4-5 Minuten blanchieren, bis sie bissfest sind. Danach mit kaltem Wasser abschrecken und abtropfen lassen.

3. In einer großen Schüssel den abgekühlten Quinoa, grüne Bohnen, Apfelwürfel, Radieschenscheiben und Frühlingszwiebelringe vermengen.

4. Für das Dressing den Limettensaft, Olivenöl, geriebenen Ingwer, gehackten Basilikum, Salz und Pfeffer in einer kleinen Schüssel vermischen und gut durchrühren.

5. Das Dressing über den Salat gießen und alles gut vermischen. Zum Schluss die gehackten Walnüsse darüber streuen. Guten Appetit.

Blumenkohl-Apfel-Salat

Zubereitungszeit: 15 Minuten
Portionen: 1 Person

Zutaten:

- 150 g Blumenkohl, in kleine Röschen geteilt
- 1 mittelgroßer Apfel, gewaschen, entkernt und in Würfel geschnitten
- 2 EL frische Petersilie, fein gehackt
- 1 EL Walnüsse, grob gehackt
- 1 EL Sonnenblumenkerne
- 2 EL fettarmer Bio-Joghurt (1,5 % Fett)
- 1 TL frisch gepresster Bio-Zitronensaft
- 1 EL natives Olivenöl extra
- Salz und frisch gemahlener schwarzer Pfeffer nach Geschmack
- Einige Blätter frischer Spinat, gewaschen und getrocknet

Zubereitung:

1. In einer großen Schüssel den Blumenkohl und die Apfelwürfel miteinander vermengen.

2. Die Petersilie, Walnüsse und Sonnenblumenkerne hinzufügen und alles gut vermischen.

3. In einer kleinen Schüssel den Joghurt mit dem Zitronensaft, Olivenöl, Salz und Pfeffer zu einem Dressing verrühren.

4. Das Dressing über den Blumenkohl-Apfel-Mix gießen und alles gut vermischen, sodass die Zutaten gleichmäßig mit dem Dressing überzogen sind.

5. Auf einem Teller einige Spinatblätter anrichten und den Salat darauf setzen.

Hauptgerichte

Lammfilet auf Spinatbett

Zubereitungszeit: 30 Minuten
Portionen: 1 Person

Zutaten:

- 150 g Lammfilet, pariert
- 200 g frischer Spinat, gewaschen
- 1 EL natives Olivenöl extra
- 1 Knoblauchzehe, fein gehackt
- 1 Frühlingszwiebel, in feine Ringe geschnitten
- 1/2 Bio-Zitrone, Saft und Abrieb
- 2 EL Walnüsse, grob gehackt
- Salz und schwarzer Pfeffer nach Geschmack
- 50 ml fettarmer Bio-Joghurt (1,5 % Fett)
- 1 TL Dill, fein gehackt
- 1 TL Petersilie, fein gehackt

Zubereitung:

1. Erhitze 1 TL Olivenöl in einer Pfanne bei mittlerer Hitze. Füge das Lammfilet hinzu und brate es von beiden Seiten je 3-4 Minuten oder bis es den gewünschten Gargrad erreicht hat. Mit Salz und Pfeffer würzen und aus der Pfanne nehmen. Lass es ein paar Minuten ruhen.

2. Während das Lammfilet ruht, erhitzt du den Rest des Olivenöls in der gleichen Pfanne. Füge den gehackten Knoblauch und die Frühlingszwiebelringe hinzu und dünste sie kurz an.

3. Nun gib den Spinat hinzu und dünste ihn, bis er zusammenfällt. Mit Salz, Pfeffer und etwas Zitronensaft abschmecken.

4. In einer kleinen Schüssel mische den Joghurt mit Dill, Petersilie, Zitronenabrieb, einer Prise Salz und Pfeffer. Rühre alles gut durch.

5. Auf einem Teller legst du zuerst den gedünsteten Spinat, darauf das Lammfilet und gibst einen Klecks Joghurtsoße darüber. Zum Schluss mit gehackten Walnüssen bestreuen.

Gebratene Forelle mit Zitronengras

Zubereitungszeit: 30 Minuten
Portionen: 1 Person

Zutaten:

- 1 frische Forelle, ausgenommen und gesäubert
- 1 Stängel Zitronengras, fein gehackt
- 2 EL natives Olivenöl extra
- 1 Bio-Zitrone, in Scheiben geschnitten
- 1 Knoblauchzehe, fein gehackt
- Eine Handvoll Spinat, gewaschen
- 2 Frühlingszwiebeln, in feine Ringe geschnitten
- 1 TL frischer Ingwer, fein gehackt
- Salz und Schwarzer Pfeffer nach Geschmack
- 1 TL frischer Koriander, gehackt
- 2 EL Kokosmilch, ungesüßt

Zubereitung:

1. Die Forelle von beiden Seiten leicht salzen und pfeffern. Innen mit dem fein gehackten Zitronengras füllen und mit Zitronenscheiben belegen.

2. Eine Pfanne mit 1 EL Olivenöl erhitzen. Die Forelle darin bei mittlerer Hitze von beiden Seiten je ca. 5-6 Minuten anbraten, bis sie goldbraun und durchgegart ist. Aus der Pfanne nehmen und warm halten.

3. Im selben Öl Knoblauch, Frühlingszwiebeln und Ingwer anbraten, bis sie duften. Den Spinat hinzufügen und kurz mitdünsten, bis er zusammenfällt.

4. Die Kokosmilch hinzufügen und einmal aufkochen lassen. Mit Salz und Pfeffer abschmecken.

5. Den Spinat auf einen Teller geben und die gebratene Forelle darüberlegen. Mit gehacktem Koriander bestreuen und servieren.

Zucchini-Nudeln mit Avocadomus

Zubereitungszeit: 20 Minuten
Portionen: 1 Person

Zutaten:

- 1 mittelgroße Zucchini, gewaschen und in Spiralen geschnitten (Zoodles)
- 1 reife Avocado, entkernt und geschält
- Saft einer Bio-Zitrone
- 1 EL natives Olivenöl extra
- 1 kleine Knoblauchzehe, gehackt
- Eine Prise Schwarzer Pfeffer
- 1 TL gehackte frische Basilikumblätter
- 1 EL Sonnenblumenkerne
- Einige Rucola Blätter, gewaschen
- 50 ml fettarmer Bio-Joghurt (1,5 % Fett)

Zubereitung:

1. Die Zucchini mit einem Spiralschneider in Nudelform bringen, damit du Zoodles erhältst. Lege die Zoodles beiseite.

2. Für das Avocadomus: Avocado, Knoblauch, Zitronensaft, Olivenöl, Basilikum und eine Prise schwarzen Pfeffer in einen Mixer geben. Mixe alles, bis eine cremige Konsistenz entsteht.

3. In einer Pfanne die Zoodles kurz für 2-3 Minuten anbraten, nur, bis sie leicht erwärmt sind. Sie sollten noch Biss haben.

4. Lege die Zoodles auf einen Teller, gib das Avocadomus darüber und vermische beides leicht miteinander.

5. Als Topping, gib den Joghurt über die Zoodles und streue die Sonnenblumenkerne darüber. Für zusätzlichen Geschmack kannst du noch ein paar Rucola Blätter dazugeben.

Rindfleisch-Pilz-Pfanne

Zubereitungszeit: 25 Minuten
Portionen: 1 Person

Zutaten:

- 150 g Rindfleisch, in Streifen geschnitten
- 100 g frische Champignons, geviertelt
- 1 kleine Zwiebel, gewürfelt
- 1 Knoblauchzehe, fein gehackt
- 1 TL Kokosöl
- 50 ml ungesüßte Mandelmilch
- 1 TL frisch gehackter Rosmarin
- 1 TL frisch gehackter Thymian
- 1/2 TL Kurkuma
- 1/2 TL Schwarzer Pfeffer
- 1 EL Sojasprossen, zum Garnieren
- 1 EL frisch gehackte Petersilie, zum Garnieren

Zubereitung:

1. Das Kokosöl in einer Pfanne bei mittlerer Hitze erhitzen. Die Zwiebel- und Knoblauchwürfel darin anschwitzen, bis sie glasig sind.

2. Das Rindfleisch hinzufügen und von allen Seiten anbraten, bis es schön braun und fast durch ist.

3. Nun die geviertelten Champignons hinzugeben und alles zusammen weiterbraten, bis die Pilze weich sind und das Fleisch vollständig durch ist.

4. Mandelmilch in die Pfanne gießen und gut umrühren.

5. Rosmarin, Thymian, Kurkuma und schwarzen Pfeffer hinzufügen und alles gut vermengen. Bei niedriger Hitze köcheln lassen, bis die Flüssigkeit ein wenig reduziert ist und eine sämige Sauce entsteht.

6. Das Gericht auf einen Teller geben, mit Sojasprossen und gehackter Petersilie garnieren und servieren.

Hühnercurry mit Kokosmilch

Zubereitungszeit: 30 Minuten
Portionen: 1 Person

Zutaten:

- 150 g Hühnerbrust, in Würfel geschnitten
- 200 ml Kokosmilch, ungesüßt
- 1 Bio-Zitrone, Schale abgerieben und Saft
- 2 TL frischer Ingwer, fein gehackt
- 1 Knoblauchzehe, fein gehackt
- 1 kleine Zwiebel, gewürfelt
- 1 TL Kurkuma
- 1 TL Curry
- 2 TL natives Olivenöl extra
- Salz und schwarzer Pfeffer nach Geschmack
- Eine Handvoll Spinat, gewaschen
- 1 EL frischer Koriander, gehackt

Zubereitung:

1. In einer Pfanne das Olivenöl erhitzen. Zwiebeln, Knoblauch und Ingwer darin anbraten, bis sie duften und die Zwiebeln glasig sind.
2. Die Hühnerwürfel hinzufügen und von allen Seiten scharf anbraten, bis sie leicht goldbraun sind.
3. Nun Curry und Kurkuma hinzugeben und kurz mitbraten, bis die Gewürze duften.
4. Die Kokosmilch in die Pfanne gießen und gut umrühren. Das Hühnercurry auf mittlerer Hitze köcheln lassen, bis das Hühnerfleisch durchgegart ist.
5. Die Zitronenschale und den Zitronensaft hinzufügen und mit Salz und Pfeffer abschmecken.
6. Zum Schluss den Spinat unterheben und nur so lange kochen, bis er zusammengefallen ist.
7. Das Hühnercurry in eine Schale geben und mit frischem Koriander bestreuen. Lass es dir schmecken.

Pilz-Geflügel-Pfanne

Zubereitungszeit: 25 Minuten
Portionen: 1 Person

Zutaten:

- 150 g Hühner- oder Putenbrust, in Streifen geschnitten
- 100 g frische Champignons, geputzt und in Scheiben geschnitten
- 1 kleine Zwiebel, fein gewürfelt
- 1 Knoblauchzehe, fein gehackt
- 50 ml fettarme frische Bio-Milch (1,5 % Fett)
- 1 EL natives Olivenöl extra
- 1 Handvoll frischer Spinat, gewaschen und grob gehackt
- 1 TL frischer Thymian, gehackt
- Salz und Schwarzer Pfeffer nach Geschmack
- 1 EL frischer Basilikum, gehackt zum Garnieren

Zubereitung:

1. Erhitze das Olivenöl in einer Pfanne bei mittlerer Hitze. Füge die Zwiebeln und den Knoblauch hinzu und dünste sie, bis sie glasig sind.

2. Füge die Hühner- oder Putenstreifen hinzu und brate sie, bis sie von allen Seiten goldbraun sind.

3. Nun gib die Champignons hinzu und brate sie, bis sie weich sind und ihre Flüssigkeit freigeben.

4. Reduziere die Hitze, füge die fettarme Milch, den Thymian, Salz und Pfeffer hinzu. Lass alles für 5 Minuten köcheln.

5. Mische den frischen Spinat unter und koche weiter, bis er welk ist.

6. Probiere das Gericht und passe bei Bedarf die Würze an.

7. Zum Schluss noch mit frischem Basilikum garnieren.

Grünkohl mit Kalbsfiletstreifen

Zubereitungszeit: 25 Minuten
Portionen: 1 Person

Zutaten:

- 150 g Kalbsfilet, in feine Streifen geschnitten
- 200 g Grünkohl, gewaschen und grob gehackt
- 1 kleine Zwiebel, fein gewürfelt
- 1 kleiner Apfel, gewürfelt
- 2 EL natives Olivenöl extra
- 50 ml Gemüsesaft, frisch gepresst
- 1 TL frischer Ingwer, gerieben
- 1 EL Bio-Zitronensaft
- 2 EL Walnüsse, grob gehackt
- 1 Prise Schwarzer Pfeffer
- 1 TL frischer Rosmarin, fein gehackt
- 100 ml Wasser

Zubereitung:

1. In einer großen Pfanne 1 EL Olivenöl erhitzen. Die Kalbsfiletstreifen darin scharf anbraten, bis sie goldbraun sind. Dann aus der Pfanne nehmen und beiseite stellen.

2. Im gleichen Öl die Zwiebeln glasig dünsten. Den Apfel und den Ingwer hinzufügen und weiter dünsten, bis der Apfel weich wird.

3. Den Grünkohl in die Pfanne geben, gut umrühren und mit Wasser ablöschen. Den Deckel auflegen und den Grünkohl 10-12 Minuten dünsten lassen, bis er weich, aber noch bissfest ist.

4. Die Kalbsfiletstreifen zurück in die Pfanne geben. Den frisch gepressten Gemüsesaft und den Zitronensaft hinzufügen und alles gut vermischen. Weitere 2-3 Minuten köcheln lassen, bis das Fleisch durch und saftig ist.

5. Mit schwarzem Pfeffer und Rosmarin würzen.

6. Das Gericht auf einen Teller geben, mit Walnüssen bestreuen und mit dem restlichen Olivenöl beträufeln.

Brokkoli-Pilz-Pfanne

Zubereitungszeit: 25 Minuten
Portionen: 1 Person

Zutaten:

- 150 g Brokkoli, in Röschen zerteilt
- 100 g frische Champignons, in Scheiben geschnitten
- 1 kleine Zwiebel, gewürfelt
- 2 EL natives Olivenöl extra
- 1 Knoblauchzehe, fein gehackt
- 50 ml fettarmer Bio-Joghurt (1,5 % Fett)
- 1 EL frischer Bio-Zitronensaft
- 2 EL gehackte Walnüsse
- 1 TL Kurkuma
- 1 EL frisch gehackter Basilikum
- Salz und schwarzer Pfeffer zum Abschmecken

Zubereitung:

1. Erhitze das Olivenöl in einer Pfanne über mittlerer Hitze. Füge die gewürfelte Zwiebel hinzu und dünste sie, bis sie glasig wird.

2. Gib den gehackten Knoblauch zur Pfanne hinzu und brate ihn für etwa 1 Minute mit.

3. Füge die Brokkoliröschen und Champignonscheiben hinzu. Brate alles für etwa 5-7 Minuten, bis der Brokkoli und die Champignons leicht gebräunt und zart sind.

4. In der Zwischenzeit mische in einer kleinen Schüssel den Joghurt mit dem Zitronensaft, Kurkuma und gehacktem Basilikum. Rühre gut um, bis alles gut vermischt ist.

5. Gieße die Joghurtmischung über das Gemüse in der Pfanne und rühre gut um, damit alles gleichmäßig überzogen ist. Lass das Ganze noch 2-3 Minuten köcheln.

6. Schmecke mit Salz und Pfeffer ab und bestreue die Pfanne mit den gehackten Walnüssen. Guten Appetit.

Putensteak auf Frühlingszwiebelbett

Zubereitungszeit: 20 Minuten
Portionen: 1 Person

Zutaten:

- 1 Putensteak (ca. 150 g)
- 3 Frühlingszwiebeln, in feine Ringe geschnitten
- 1 TL frischer Ingwer, fein gehackt
- 1 Knoblauchzehe, fein gehackt
- 2 EL natives Olivenöl extra
- 1 TL frischer Thymian, gehackt
- 50 ml fettarmer Bio-Joghurt (1,5 % Fett)
- 1 TL frischer Bio-Zitronensaft
- Salz und schwarzer Pfeffer zum Abschmecken

Zubereitung:

1. Das Putensteak mit Salz und Pfeffer würzen. In einer Pfanne 1 EL Olivenöl erhitzen und das Steak darin von beiden Seiten scharf anbraten. Danach auf mittlerer Hitze weiterbraten, bis es durch ist. Anschließend aus der Pfanne nehmen und warm halten.

2. In der gleichen Pfanne das restliche Olivenöl erhitzen. Frühlingszwiebeln, Ingwer und Knoblauch darin anbraten, bis sie weich und leicht golden sind. Mit Salz, Pfeffer und Thymian würzen.

3. Während die Frühlingszwiebeln braten, den Joghurt mit Zitronensaft verrühren und mit Salz und Pfeffer abschmecken.

4. Das Frühlingszwiebelbett auf einem Teller anrichten, das Putensteak darauf setzen und mit dem Joghurt-Zitronen-Dressing beträufeln.

Spinat-Avocado-Wraps

Zubereitungszeit: 15 Minuten
Portionen: 1 Person

Zutaten:

- 1 Vollkorn-Wrap (zum Einwickeln)
- 50 g frischer Spinat, gewaschen und grob gehackt
- 1/2 reife Avocado, entkernt und in Scheiben geschnitten
- 1 Frühlingszwiebel, fein geschnitten
- 50 g körniger Frischkäse
- 1 TL Sesam
- 1 TL frisch gepresster Bio-Zitronensaft
- 1 EL frischer Koriander, gehackt
- 1 TL natives Olivenöl extra
- Salz und schwarzer Pfeffer nach Geschmack

Zubereitung:

1. Erwärme den Vollkorn-Wrap leicht in einer trockenen Pfanne auf beiden Seiten, bis er warm und flexibel ist.

2. Während der Wrap erwärmt wird, mische in einer kleinen Schüssel den körnigen Frischkäse mit dem Zitronensaft, Olivenöl und Koriander. Rühre alles gut um und würze mit Salz und Pfeffer.

3. Streiche die Frischkäse-Mischung gleichmäßig über den warmen Wrap.

4. Belege den Wrap nun in der Mitte mit Spinat, Avocado und Frühlingszwiebeln.

5. Bestreue das Ganze mit Sesam.

6. Rolle den Wrap vorsichtig, aber fest zusammen, sodass du einen festen Wrap erhältst.

7. Schneide den Wrap in der Mitte durch und serviere ihn. Guten Appetit!

Wildlachs auf Rucola-Bett

Zubereitungszeit: 20 Minuten
Portionen: 1 Person

Zutaten:

- 150 g Wildlachs, frisch oder aufgetaut
- 1 EL natives Olivenöl extra
- Salz und Schwarzer Pfeffer nach Geschmack
- 2 Hände voll Rucola, gewaschen und getrocknet
- 1/2 Avocado, in Scheiben geschnitten
- 1 EL Bio-Zitronensaft, frisch gepresst
- 50 g Kirschtomaten, halbiert (Nur in geringen Mengen erlaubt, abhängig von individueller Verträglichkeit)
- 1 EL Walnüsse, grob gehackt
- 1 EL Kürbiskerne
- 1 TL Dill, frisch gehackt
- 100 ml fettarmer Bio-Joghurt (1,5 % Fett)
- 1 EL Leinsamenöl
- 1 kleine Bio-Zitrone, die Schale abgerieben

Zubereitung:

1. Den Wildlachs mit Salz und Pfeffer würzen. In einer Pfanne das Olivenöl erhitzen und den Lachs von beiden Seiten je 3-4 Minuten anbraten, bis er goldbraun und durchgegart ist.

2. Während der Lachs brät, den Rucola auf einen Teller geben und mit Avocado-Scheiben und halbierten Kirschtomaten garnieren.

3. In einer kleinen Schüssel den Joghurt mit Leinsamenöl, frischem Zitronensaft und abgeriebener Zitronenschale vermischen. Mit Salz und Pfeffer abschmecken.

4. Den gebratenen Lachs vorsichtig auf das Rucola-Bett legen. Das Joghurt-Dressing darüber träufeln.

5. Das Gericht mit Walnüssen, Kürbiskernen und frischem Dill garnieren.

Kabeljau mit Kräuterkruste

Zubereitungszeit: 25 Minuten
Portionen: 1 Person

Zutaten:

- 150 g Kabeljau, frisch
- 1 EL natives Olivenöl extra
- 1 kleine Zwiebel, fein gehackt
- 1 Knoblauchzehe, fein gehackt
- 2 EL Haferflocken
- 1 EL frischer Basilikum, gehackt
- 1 EL frischer Oregano, gehackt
- 1 EL frischer Rosmarin, gehackt
- 1 EL Walnüsse, fein zerstoßen
- 1 Bio-Zitrone, Abrieb und ein wenig Saft
- Salz und schwarzer Pfeffer nach Geschmack
- 1 EL Bio-Joghurt (1,5 % Fett)
- Einige Spinatblätter, gewaschen und trocken getupft

Zubereitung:

1. Den Backofen auf 180 Grad vorheizen.

2. Den Kabeljau waschen, trocken tupfen und mit etwas Zitronensaft, Salz und Pfeffer würzen.

3. In einer kleinen Schüssel Olivenöl, gehackte Zwiebel und Knoblauch vermengen.

4. Haferflocken, Walnüsse, Basilikum, Oregano und Rosmarin zur Zwiebelmischung geben und gut umrühren, bis eine krümelige Masse entsteht.

5. Den Fisch in eine Auflaufform legen und die Kräuter-Hafer-Mischung darauf verteilen, so dass er vollständig bedeckt ist.

6. Den Fisch im vorgeheizten Backofen etwa 15-18 Minuten backen, bis die Kruste goldbraun ist.

7. Währenddessen den Spinat in einer Pfanne mit einem Tropfen Olivenöl leicht anbraten. Er sollte noch knackig bleiben.

8. Den Kabeljau aus dem Ofen nehmen und auf einem Teller anrichten. Den Spinat daneben legen und den Fisch mit einem EL Joghurt garnieren. Ein wenig Zitronenabrieb darüberstreuen und servieren.

Quinoa-Pilz-Pfanne

Zubereitungszeit: 25 Minuten
Portionen: 1 Person

Zutaten:

- 60 g Quinoa, gewaschen
- 100 g frische Champignons, in Scheiben geschnitten
- 1 kleine Zwiebel, gewürfelt
- 1 EL Kokosöl
- 50 ml Dinkelmilch, ungesüßt
- 1 EL frischer Basilikum, gehackt
- 1 TL Rosmarin, gehackt
- 1 EL Sonnenblumenkerne
- 1 kleiner Zucchino, gewürfelt
- Salz und schwarzer Pfeffer nach Geschmack

Zubereitung:

1. In einer Pfanne das Kokosöl auf mittlerer Stufe erhitzen und die gewürfelte Zwiebel darin anbraten, bis sie glasig ist.

2. Die geschnittenen Champignons und den gewürfelten Zucchino hinzufügen und für etwa 5 Minuten weiter anbraten, bis die Pilze goldbraun sind.

3. Währenddessen den Quinoa in einem Topf mit der doppelten Menge Wasser zum Kochen bringen. Nach dem Aufkochen auf niedriger Stufe köcheln lassen, bis das Wasser vollständig aufgesogen ist und der Quinoa gar ist. Dies dauert ungefähr 15 Minuten.

4. Die Dinkelmilch zur Pilzpfanne geben und gut umrühren. Den gekochten Quinoa hinzufügen und alles gut vermischen.

5. Mit den frischen Kräutern, Salz und Pfeffer würzen. Zum Schluss die Sonnenblumenkerne darüber streuen.

Wirsingrouladen mit Rindfleischfüllung

Zubereitungszeit: 40 Minuten
Portionen: 1 Person

Zutaten:

- 2 große Wirsingblätter, blanchiert
- 150 g mageres Rindfleisch, fein gehackt
- 1 kleine Zwiebel, gewürfelt
- 1 Knoblauchzehe, gehackt
- 50 g Möhren, gewürfelt
- 1 TL natives Olivenöl extra
- 1 EL Haferflocken
- 1 EL frischer Basilikum, gehackt
- 1 EL frischer Rosmarin, gehackt
- Salz und schwarzer Pfeffer nach Geschmack
- 100 ml Wasser
- 1 EL Sonnenblumenkerne
- 1 EL Dinkelmilch, ungesüßt

Zubereitung:

1. Zuerst das Olivenöl in einer Pfanne erhitzen. Zwiebeln, Knoblauch und Möhren darin anbraten, bis sie weich sind.

2. Das fein gehackte Rindfleisch zur Pfanne hinzufügen und weiterbraten, bis es gar ist. Mit Salz und Pfeffer würzen.

3. Die Haferflocken, Basilikum, Rosmarin und Sonnenblumenkerne hinzufügen und gut vermengen. Falls die Masse zu trocken ist, einen EL Dinkelmilch hinzufügen.

4. Die blanchierten Wirsingblätter auf eine Arbeitsfläche legen. Die Rindfleischmischung gleichmäßig auf die Blätter verteilen und diese vorsichtig aufrollen, sodass eine Roulade entsteht.

5. Die Rouladen mit der Nahtseite nach unten in eine kleine Auflaufform legen und 100 ml Wasser angießen.

6. Im vorgeheizten Ofen bei 180 Grad ca. 25 Minuten garen, bis der Wirsing weich und das Fleisch durch ist. Guten Appetit.

Beilagen

Gedünstete Rosenkohlblätter

Zubereitungszeit: 25 Minuten
Portionen: 1 Person

Zutaten:

- 150 g Rosenkohl, Blätter einzeln abgelöst
- 1 EL Kokosöl
- 2 Frühlingszwiebeln, in dünne Ringe geschnitten
- 1 Bio-Zitrone, Schale fein abgerieben und Saft
- 1 kleine Knoblauchzehe, fein gehackt
- 1 EL frischer Basilikum, fein gehackt
- 1 EL Mandeln, grob gehackt
- Salz und schwarzer Pfeffer, frisch gemahlen

Zubereitung:

1. Den Rosenkohl sorgfältig waschen und von den Stielen befreien. Mit einem kleinen Messer die äußeren Blätter vorsichtig ablösen, bis du zum Kern des Rosenkohls kommst.

2. In einer großen Pfanne das Kokosöl erhitzen. Frühlingszwiebeln und Knoblauch darin für etwa 2 Minuten andünsten, bis sie leicht glasig sind.

3. Die Rosenkohlblätter hinzufügen und 5-7 Minuten unter gelegentlichem Rühren dünsten, bis sie weich, aber immer noch grün sind.

4. Den Saft und die abgeriebene Schale der Zitrone darüber geben und gut umrühren. Das gibt den Rosenkohlblättern eine herrliche Frische!

5. Basilikum und Mandeln hinzufügen und alles gut vermengen. Mit Salz und schwarzem Pfeffer abschmecken.

Portulak mit Zitronendressing

Zubereitungszeit: 15 Minuten
Portionen: 1 Person

Zutaten:

- 80 g frischer Portulak, gewaschen und getrocknet
- 1 Bio-Zitrone, Saft und Abrieb
- 1 EL natives Olivenöl extra
- Eine Prise Schwarzer Pfeffer
- Eine Prise Salz
- 1 EL Sonnenblumenkerne
- 1/2 Apfel, gewaschen und in dünne Scheiben geschnitten
- 2 EL Feta-Käse, zerbröckelt (bis 45 % Fett)

Zubereitung:

1. Den Portulak in eine Servierschüssel geben.
2. In einer kleinen Schüssel den Saft und Abrieb der Zitrone mit dem Olivenöl vermischen. Mit Salz und Pfeffer abschmecken.
3. Das Dressing über den Portulak gießen und vorsichtig vermengen.
4. Den Apfel und die Sonnenblumenkerne darüberstreuen.
5. Mit zerbröckeltem Feta-Käse bestreuen.

Blumenkohl-Reis mit Avocado-Pesto

Zubereitungszeit: 15 Minuten
Portionen: 1 Person

Zutaten:

- 1 kleiner Blumenkohlkopf (ca. 200 g), in Röschen zerlegt
- 1 reife Avocado, entkernt und geschält
- 10 g frischer Basilikum, grob gehackt
- 1 EL Pinienkerne
- 1 kleine Bio-Zitrone, Abrieb und Saft
- 1 TL natives Olivenöl extra
- Salz und schwarzer Pfeffer zum Abschmecken

Zubereitung:

1. Zuerst den Blumenkohl in einer Küchenmaschine zerkleinern, bis er die Konsistenz von Reiskörnern hat. Wenn du keine Küchenmaschine hast, kannst du auch eine grobe Reibe verwenden.

2. Gib einen Teelöffel Olivenöl in eine Pfanne und erhitze es bei mittlerer Hitze. Füge den Blumenkohl-Reis hinzu und brate ihn für ca. 5 Minuten an, bis er durchgewärmt und leicht gebräunt ist. Währenddessen immer wieder umrühren.

3. Für das Avocado-Pesto die Avocado, Basilikum, Pinienkerne, Zitronenabrieb und -saft in einem Mixer oder mit einem Pürierstab zu einer cremigen Masse verarbeiten. Bei Bedarf mit Salz und Pfeffer abschmecken.

4. Wenn der Blumenkohl-Reis fertig ist, nimm die Pfanne vom Herd und mische das Avocado-Pesto unter. Guten Appetit.

Spinat-Knoblauch-Püree

Zubereitungszeit: 20 Minuten
Portionen: 1 Person

Zutaten:

- 150 g frischer Spinat, gewaschen und grob gehackt
- 1 Bio-Zitrone, Abrieb und Saft
- 2 Knoblauchzehen, fein gehackt
- 30 ml natives Olivenöl extra
- 50 ml Dinkelmilch, ungesüßt
- 1 TL Hanfsamen
- 1/2 TL Kurkuma, gemahlen
- Salz und Schwarzer Pfeffer nach Geschmack

Zubereitung:

1. In einer mittelgroßen Pfanne das Olivenöl auf mittlerer Hitze erwärmen. Den gehackten Knoblauch hinzufügen und kurz anschwitzen, bis er duftend und leicht goldbraun ist.

2. Den Spinat zum Knoblauch geben und dünsten, bis er zusammenfällt. Währenddessen immer wieder umrühren.

3. Die Hitze reduzieren und Dinkelmilch sowie den Zitronenabrieb und Saft hinzufügen. Alles gut vermischen und Weitere 2-3 Minuten köcheln lassen.

4. Den Pfanneninhalt in einen Mixer geben, Hanfsamen und Kurkuma hinzufügen. Das Ganze zu einem cremigen Püree mixen. Falls das Püree zu dickflüssig ist, kann noch etwas mehr Dinkelmilch hinzugefügt werden.

5. Das Püree zurück in die Pfanne geben und bei Bedarf erhitzen. Mit Salz und Pfeffer abschmecken.

6. Zum Schluss in eine Schüssel geben und servieren.

Sellerie-Karotten-Stampf

Zubereitungszeit: 25 Minuten
Portionen: 1 Person

Zutaten:

- 150 g Wurzelsellerie, geschält und in Würfel geschnitten
- 100 g Karotten, geschält und in Würfel geschnitten
- 1 kleine Zwiebel, fein gehackt
- 1 TL frischer Ingwer, fein gerieben
- 1 EL natives Olivenöl extra
- 50 ml fettarme Bio-Milch (1,5 % Fett)
- 1 EL frischer Basilikum, fein gehackt
- Salz und frischer schwarzer Pfeffer nach Geschmack

Zubereitung:

1. In einem mittelgroßen Topf Wasser zum Kochen bringen. Sellerie und Karotten hinzufügen und etwa 15 Minuten oder bis sie weich sind, kochen lassen.

2. Während das Gemüse kocht, erhitze das Olivenöl in einer kleinen Pfanne. Füge die gehackte Zwiebel und den geriebenen Ingwer hinzu. Dünste alles, bis die Zwiebeln glasig sind, etwa 3-4 Minuten.

3. Gieße das Gemüse ab und gebe es zurück in den Topf. Mit einem Kartoffelstampfer oder einer Gabel das Gemüse grob zerstampfen.

4. Die gedünsteten Zwiebeln und den Ingwer zum Stampf hinzufügen. Langsam die Milch hinzufügen, bis die gewünschte Konsistenz erreicht ist.

5. Mit Salz und Pfeffer abschmecken und mit dem frisch gehackten Basilikum bestreuen.

Zucchini-Spalten aus dem Ofen

Zubereitungszeit: 25 Minuten
Portionen: 1 Person

Zutaten:

- 1 mittelgroße Zucchini, gewaschen und in lange Spalten geschnitten
- 1 EL natives Olivenöl extra
- 1 TL frischer Thymian, fein gehackt
- 1 TL frischer Rosmarin, fein gehackt
- 1 EL frischer Bio-Zitronensaft
- 1 TL frischer Ingwer, fein gehackt
- Eine Prise schwarzer Pfeffer
- Eine Prise Kurkuma

Zubereitung:

1. Heize deinen Ofen auf 180 Grad vor.

2. In einer großen Schüssel vermengst du die Zucchini-Spalten mit Olivenöl, Thymian, Rosmarin, Ingwer, Zitronensaft, Kurkuma und schwarzem Pfeffer. Achte darauf, dass alle Spalten gut gewürzt sind.

3. Lege ein Backblech mit Backpapier aus und verteile die gewürzten Zucchini-Spalten darauf.

4. Gib die Zucchini für etwa 15-20 Minuten in den Ofen, bis sie weich und an den Rändern leicht goldbraun sind.

5. Nimm das Blech aus dem Ofen und lass es kurz abkühlen.

Gebratene Pilze mit Thymian

Zubereitungszeit: 15 Minuten
Portionen: 1 Person

Zutaten:

- 150 g frische Champignons, in Scheiben geschnitten
- 1 EL natives Olivenöl extra
- 1 Knoblauchzehe, fein gehackt
- 1 EL frischer Thymian, fein gehackt
- Salz und schwarzer Pfeffer nach Geschmack
- Ein Spritzer Bio-Zitronensaft
- 1 EL gehackte Petersilie

Zubereitung:

1. Erhitze das Olivenöl in einer Pfanne über mittlerer Hitze.

2. Gib den fein gehackten Knoblauch in die Pfanne und dünste ihn, bis er leicht goldbraun ist.

3. Füge die in Scheiben geschnittenen Champignons hinzu und brate sie an, bis sie goldbraun und zart sind.

4. Würze mit Salz und Pfeffer.

5. Füge den frischen Thymian hinzu und brate weiter, bis die Pilze gut durchgebraten sind und wunderbar duften.

6. Nimm die Pfanne vom Herd und gib einen Spritzer Zitronensaft über die Pilze.

7. Zum Schluss mit gehackter Petersilie bestreuen.

Brokkoli mit Mandelblättchen

Zubereitungszeit: 20 Minuten
Portionen: 1 Person

Zutaten:

- 150 g Brokkoli, in Röschen geteilt
- 1 EL natives Olivenöl extra
- 1 kleine Zwiebel, gewürfelt
- 2 EL Mandelblättchen
- Saft von 1/2 Bio-Zitrone
- 1 Knoblauchzehe, fein gehackt
- Eine kleine Prise frischer Rosmarin, fein gehackt
- Salz und schwarzer Pfeffer nach Geschmack

Zubereitung:

1. Wasser in einem Topf zum Kochen bringen, leicht salzen und den Brokkoli darin 3-4 Minuten blanchieren, bis er gerade zart ist. Dann in einem Sieb abgießen und kalt abschrecken.

2. In einer Pfanne das Olivenöl auf mittlerer Hitze erwärmen. Die Zwiebel und den Knoblauch darin glasig dünsten.

3. Die Mandelblättchen hinzufügen und unter gelegentlichem Rühren leicht goldbraun anbraten.

4. Den blanchierten Brokkoli und Rosmarin in die Pfanne geben und gut vermengen. Kurz mitbraten, bis der Brokkoli gut durchgewärmt ist.

5. Mit Zitronensaft, Salz und Pfeffer abschmecken.

Gemüsemix mit Quinoa

Zubereitungszeit: 25 Minuten
Portionen: 1 Person

Zutaten:

- 50 g Quinoa
- 100 g Brokkoli, in Röschen zerteilt
- 1 mittelgroße Karotte, in feine Scheiben geschnitten
- 4-5 frische Champignons, in Scheiben geschnitten
- 1 kleine Zwiebel, gewürfelt
- 1 EL natives Olivenöl extra
- 1 Bio-Zitrone, Abrieb und Saft
- 2 TL frischer Ingwer, gerieben
- Salz und schwarzer Pfeffer nach Geschmack
- Frische Petersilie, gehackt
- 1 TL Sesam

Zubereitung:

1. Quinoa unter fließendem Wasser gut abspülen, um eventuelle Bitterstoffe zu entfernen. In einem kleinen Topf mit der doppelten Menge Wasser aufsetzen, leicht salzen und nach Anweisung auf der Verpackung kochen. Dann beiseite stellen.

2. Während der Quinoa kocht, das Olivenöl in einer Pfanne erhitzen. Zwiebeln hinzufügen und glasig dünsten.

3. Brokkoli, Karotten und Champignons hinzufügen. Unter gelegentlichem Rühren etwa 8-10 Minuten dünsten, bis das Gemüse weich, aber noch bissfest ist.

4. Geriebenen Ingwer und Zitronenabrieb zum Gemüse geben. Alles gut vermengen und weitere 2 Minuten dünsten.

5. Den gekochten Quinoa zum Gemüse in die Pfanne geben und alles gut vermengen. Mit Zitronensaft, Salz und Pfeffer abschmecken.

6. Das Gericht auf einen Teller geben, mit frischer Petersilie und Sesam bestreuen.

Grünkohlchips

Zubereitungszeit: 25 Minuten
Portionen: 1 Person

Zutaten:

- 100 g Grünkohl, gewaschen und von den Stielen befreit
- 1 EL natives Olivenöl extra
- 1 TL Kurkuma, gemahlen
- 1 TL Schwarzer Pfeffer, gemahlen
- 1 EL Sonnenblumenkerne
- 1/2 Bio-Limette, Saft
- Eine Prise Salz

Zubereitung:

1. Den Ofen auf 150 Grad vorheizen.

2. Den Grünkohl in mundgerechte Stücke zupfen.

3. In einer großen Schüssel den Grünkohl, Olivenöl, Limettensaft, Kurkuma und den Schwarzen Pfeffer vermischen. Die Masse gut durchkneten, damit der Grünkohl mit der Würzmischung bedeckt ist.

4. Ein Backblech mit Backpapier auslegen und die Grünkohlstücke darauf verteilen. Dabei darauf achten, dass die Stücke nicht übereinander liegen.

5. Die Sonnenblumenkerne über den Grünkohl streuen und das Ganze mit einer Prise Salz bestreuen.

6. Die Chips für etwa 20 Minuten im Ofen backen, bis sie knusprig sind. Dabei immer wieder überprüfen, damit sie nicht verbrennen.

7. Die Grünkohlchips aus dem Ofen nehmen und vor dem Verzehr kurz abkühlen lassen.

Snacks

Avocado-Ei-Röllchen

Zubereitungszeit: 20 Minuten
Portionen: 1 Person

Zutaten:

- 1 reife Avocado, halbiert und entkernt
- 2 Bio-Eier, hartgekocht und fein gewürfelt
- 3 EL fettarmer Bio-Joghurt (1,5 % Fett)
- 1 Frühlingszwiebel, fein gehackt
- 1 EL frischer Basilikum, fein gehackt
- 1 EL Walnüsse, grob gehackt
- 1 TL natives Olivenöl extra
- 1 TL Bio-Limette, Saft und etwas Abrieb
- Eine Prise Schwarzer Pfeffer
- Eine Prise Salz

Zubereitung:

1. Die Avocadohälften vorsichtig mit einem Löffel aus der Schale lösen. Jede Hälfte in dünne Scheiben schneiden, sodass sie wie Röllchen aufgerollt werden können.

2. In einer Schüssel die gewürfelten Eier, den Joghurt, Frühlingszwiebel, Basilikum, Walnüsse, Olivenöl und Limettensaft miteinander vermengen. Mit Salz und Pfeffer abschmecken.

3. Einen Teelöffel der Ei-Mischung auf eine Avocadoscheibe legen und vorsichtig aufrollen. Mit den anderen Scheiben wiederholen, bis die Füllung aufgebraucht ist.

4. Die Röllchen auf einen Teller legen und mit ein wenig Limettenabrieb garnieren. Guten Appetit.

Kürbiskernriegel

Zubereitungszeit: 20 Minuten + Kühlzeit
Portionen: 1 Person

Zutaten:

- 50 g Kürbiskerne, grob gehackt
- 50 g Mandeln, grob gehackt
- 30 g Kokosraspeln
- 30 g Haferflocken
- 2 EL Kokosöl, geschmolzen
- 2 EL Chiasamen
- 1 Bio-Zitrone, Abrieb und Saft
- 3 EL fettarmer Bio-Joghurt (1,5 % Fett)
- 2 EL Mandelmus, optional

Zubereitung:

1. Vermische in einer Schüssel die Kürbiskerne, Mandeln, Kokosraspeln und Haferflocken miteinander.

2. In einer anderen kleinen Schüssel mische das geschmolzene Kokosöl, Chiasamen, Zitronenabrieb und -saft sowie den Joghurt miteinander. Wenn du möchtest, kannst du jetzt auch das Mandelmus hinzufügen.

3. Gib die feuchte Mischung zu den trockenen Zutaten und rühre alles gut durch, bis alles gut vermengt ist.

4. Lege eine kleine Form mit Backpapier aus und drücke die Mischung fest hinein. Achte darauf, dass sie gleichmäßig verteilt ist und eine Dicke von ca. 1,5 cm hat.

5. Stelle die Form für mindestens 2 Stunden in den Kühlschrank, damit die Masse fest wird.

6. Nach dem Kühlen nimm die feste Masse heraus und schneide sie in 3 gleichgroße Riegel.

7. Die Riegel können direkt verzehrt oder in einem luftdichten Behälter im Kühlschrank aufbewahrt werden.

Chia-Pudding mit Erdbeeren

Zubereitungszeit: 15 Minuten + 3 Stunden Ruhezeit
Portionen: 1 Person

Zutaten:

- 2 EL Chiasamen
- 150 ml Mandelmilch, ungesüßt
- 1 TL Vanille
- 6 frische Erdbeeren, gewaschen und in Scheiben geschnitten
- 1 EL Kokosraspeln
- 1 EL Walnüsse, grob gehackt
- 1 Bio-Zitrone, Abrieb

Zubereitung:

1. In einer Schüssel Chiasamen, Mandelmilch und Vanille miteinander vermengen. Gut umrühren, damit keine Klumpen entstehen.

2. Die Mischung für mindestens 3 Stunden oder über Nacht im Kühlschrank quellen lassen, bis eine puddingartige Konsistenz erreicht ist.

3. Wenn der Chia-Pudding fertig ist, nimm ihn aus dem Kühlschrank. Er sollte jetzt eine dickliche Konsistenz haben.

4. In eine Schale oder ein Glas füllen und die geschnittenen Erdbeeren darüber verteilen.

5. Mit Kokosraspeln, Walnussstückchen und etwas Zitronenabrieb garnieren.

Zucchini-Chips

Zubereitungszeit: 30 Minuten
Portionen: 1 Person

Zutaten:

- 1 mittelgroße Zucchini, gewaschen und in dünne
  Scheiben geschnitten
- 2 EL natives Olivenöl extra
- 1 TL frisch gehackter Rosmarin
- 1/2 TL Kurkuma
- 1/4 TL frisch gemahlener
  Schwarzer Pfeffer
- Eine Prise Salz

Zubereitung:

1. Heize deinen Ofen auf 180 Grad vor.

2. In einer großen Schüssel vermische die Zucchini-Scheiben mit dem Olivenöl, Rosmarin, Kurkuma, Pfeffer und Salz, bis die Zucchini gut bedeckt ist.

3. Lege ein Backblech mit Backpapier aus. Verteile die Zucchini-Scheiben gleichmäßig darauf, sodass sie sich nicht überlappen.

4. Backe die Zucchini im vorgeheizten Ofen für etwa 20-25 Minuten oder bis sie goldbraun und knusprig ist. Achte darauf, sie regelmäßig zu überprüfen, um ein Anbrennen zu verhindern.

5. Nimm die Chips aus dem Ofen und lass sie einige Minuten abkühlen. Danach sind sie fertig.

Mandel-Kokos-Bällchen

Zubereitungszeit: 15 Minuten
Portionen: 1 Person

Zutaten:

- 50 g Mandeln, grob gehackt
- 30 g Kokosraspeln, inkl. etwas zusätzlich zum Wälzen
- 1 Bio-Limette, Schale abgerieben
- 50 g Haferflocken
- 2 EL Chiasamen
- 2 EL Kokosöl, geschmolzen
- 1 EL Mandelmus (nach Geschmack)
- 2 EL Mandelmilch, ungesüßt
- 1 TL Vanilleextrakt
- Eine Prise Salz

Zubereitung:

1. In einer Schüssel die Haferflocken, gehackte Mandeln, Kokosraspeln, Chiasamen und die abgeriebene Limettenschale gut vermischen.

2. In einer anderen kleinen Schüssel das geschmolzene Kokosöl, Mandelmus, Mandelmilch und Vanilleextrakt miteinander verquirlen.

3. Die flüssige Mischung zu der trockenen Mischung geben und alles gut vermengen, bis du eine leicht klebrige Konsistenz erhältst.

4. Mit feuchten Händen kleine Bällchen formen. Wenn die Mischung zu trocken ist und nicht gut zusammenhält, füge etwas mehr Mandelmilch hinzu.

5. Die Bällchen in den zusätzlichen Kokosraspeln wälzen, bis sie rundherum bedeckt sind.

6. Die Bällchen für mindestens 1 Stunde in den Kühlschrank legen, damit sie fest werden.

Sellerie-Sticks mit Dip

Zubereitungszeit: 15 Minuten
Portionen: 1 Person

Zutaten:

- 1 mittelgroße Avocado, halbiert und entkernt
- 1 Bio-Zitrone, Saft und etwas Abrieb
- 1 kleine Knoblauchzehe, fein gehackt
- 2 EL fettarmer Bio-Joghurt (1,5 % Fett)
- Eine Prise Kurkuma
- Eine Prise Schwarzer Pfeffer
- 2 Stangen Wurzelsellerie, geschält und in lange Sticks geschnitten
- Frischer Koriander, fein gehackt (zum Garnieren)
- Ein paar Tropfen natives Olivenöl extra

Zubereitung:

1. In einer mittelgroßen Schüssel das Fruchtfleisch der Avocado mit einer Gabel gut zerdrücken, bis es cremig wird.

2. Den Zitronensaft, Zitronenabrieb, gehackten Knoblauch und den fettarmen Joghurt zur Avocadocreme hinzufügen und alles gut vermischen.

3. Mit Kurkuma, schwarzem Pfeffer und einer kleinen Prise Salz abschmecken. Nach Wunsch kannst du auch ein paar Tropfen Olivenöl hinzufügen.

4. Die Sellerie-Sticks auf einem Teller anrichten und den Avocadodip daneben setzen. Mit frisch gehacktem Koriander garnieren.

Tofu-Würfel mit Sesam

Zubereitungszeit: 20 Minuten
Portionen: 1 Person

Zutaten:

- 100 g Tofu, in Würfel geschnitten
- 2 EL Sesam, geröstet
- 1 EL natives Olivenöl extra
- 1 TL Kurkuma
- 1 kleine Zwiebel, fein gehackt
- 1 Knoblauchzehe, fein gehackt
- 1 TL frischer Ingwer, gerieben
- 1 TL Sojasprossen
- Salz und Schwarzer Pfeffer nach Geschmack
- Einige Blätter frischer Basilikum zum Garnieren

Zubereitung:

1. Erhitze das Olivenöl in einer Pfanne auf mittlerer Stufe. Füge die gehackte Zwiebel und den Knoblauch hinzu und brate sie leicht an, bis sie glasig sind.

2. Gebe den geriebenen Ingwer hinzu und brate ihn kurz mit den Zwiebeln und dem Knoblauch an.

3. Nun die Tofuwürfel in die Pfanne geben. Mit Kurkuma, Salz und Pfeffer würzen und von allen Seiten goldbraun anbraten.

4. Nachdem der Tofu angebraten ist, streue den Sesam über die Würfel und rühre alles gut um, bis der Tofu gleichmäßig mit Sesam bedeckt ist.

5. Zum Schluss die Sojasprossen unterrühren und nur kurz mitbraten, damit sie noch knackig bleiben.

6. Den Tofu auf einem Teller anrichten und mit ein paar Basilikumblättern garnieren. Guten Appetit.

Kokos-Himbeermus

Zubereitungszeit: 10 Minuten
Portionen: 1 Person

Zutaten:

- 100 g frische Himbeeren, gewaschen
- 50 ml Kokosmilch, ungesüßt
- 1 EL Kokosraspeln
- 1 TL frischer Limettensaft,
  aus einer Bio-Limette gepresst
- 1 TL Chiasamen
- Ein Spritzer Vanilleextrakt
- 1 EL Mandeln, grob gehackt

Zubereitung:

1. Nimm eine mittelgroße Schüssel zur Hand und gib die Himbeeren hinein.

2. Zerdrücke die Himbeeren mit einer Gabel zu einem feinen Mus.

3. Füge die Kokosmilch und den Limettensaft hinzu und rühre gut um.

4. Streue die Kokosraspeln und Chiasamen über das Himbeermus und
   vermische alles gründlich.

5. Füge zum Schluss einen Spritzer Vanilleextrakt hinzu und rühre nochmals um.

6. Gib das Himbeermus in eine kleine Schale und garniere es mit den
   grob gehackten Mandeln.

Geröstete Edamame

Zubereitungszeit: 15 Minuten
Portionen: 1 Person

Zutaten:

- 200 g frische Edamame, geschält
- 1 EL natives Olivenöl extra
- 1 TL frischer Rosmarin, fein gehackt
- 1 TL frischer Thymian, fein gehackt
- 1 TL frische Basilikumblätter, fein gehackt
- 1 kleine Knoblauchzehe, fein gehackt
- Salz nach Geschmack

Zubereitung:

1. Du beginnst damit, deinen Backofen auf 180 Grad vorzuheizen.

2. Während der Backofen vorheizt, kannst du in einer Schüssel die Edamame mit dem Olivenöl, Rosmarin, Thymian, Basilikum und Knoblauch vermengen. Stelle sicher, dass alle Bohnen gut mit den Gewürzen und dem Öl bedeckt sind.

3. Verteile die gewürzten Edamame gleichmäßig auf einem Backblech.

4. Sobald der Backofen vorgeheizt ist, schiebst du das Backblech in den Ofen und lässt die Edamame für ca. 10 Minuten rösten, bis sie goldbraun sind.

5. Hole das Blech aus dem Ofen und lasse die Edamame ein wenig abkühlen. Schmecke sie mit etwas Salz ab.

6. Nun kannst du die gerösteten Edamame in eine Schale geben.

Mandeljoghurt mit Heidelbeeren

Zubereitungszeit: 15 Minuten
Portionen: 1 Person

Zutaten:

- 150 ml Mandeljoghurt, ungesüßt
- 50 g Heidelbeeren, gewaschen
- 1 TL Chiasamen
- 10 g Mandeln, gehackt
- 1/2 Bio-Zitrone, Abrieb
- 1 TL Kokosraspeln
- 1 TL frischer Minze, gehackt
- 1 TL Honig (wenn gewünscht)

Zubereitung:

1. Als erstes gibst du den Mandeljoghurt in eine Schüssel.

2. Die Heidelbeeren wäschst du sorgfältig und lässt sie kurz abtropfen. Anschließend gibst du sie zum Joghurt in die Schüssel.

3. Die Mandeln grob hacken und über den Joghurt und die Heidelbeeren streuen.

4. Nun gibst du die Chiasamen und Kokosraspeln darüber.

5. Von der halben Zitrone reibst du etwas Schale ab und gibst den Abrieb über den Joghurt.

6. Zum Schluss dekorierst du alles mit der gehackten Minze. Falls du es ein wenig süßer magst, kannst du noch einen kleinen Klecks Honig darüber geben. Aber denke daran, dass Honig in Maßen verzehrt werden sollte.

7. Danach alles gut vermischen. Fertig.

Spinat-Hafer-Riegel

Zubereitungszeit: 25 Minuten
Portionen: 1 Person

Zutaten:

- 50 g Haferflocken
- 75 g frischer Spinat, gewaschen und grob gehackt
- 2 Bio-Eier
- 30 ml fettarme Bio-Milch (1,5 % Fett)
- 20 g Sonnenblumenkerne
- 2 TL Chiasamen
- 2 TL Hanfsamen
- 1 TL Kurkuma, gemahlen
- 1 EL Kokosöl, zum Einfetten
- 1 kleine Zwiebel, fein gewürfelt
- Eine Prise Salz
- Eine Prise schwarzer Pfeffer

Zubereitung:

1. Heize deinen Backofen auf 180 Grad vor und fette eine kleine Auflaufform oder ein kleines Blech mit dem Kokosöl ein.

2. In einer Pfanne ohne Öl röste die Haferflocken, Sonnenblumenkerne, Chiasamen und Hanfsamen leicht an, bis sie ein wenig Farbe bekommen. Dabei immer wieder umrühren, damit nichts anbrennt. Danach in eine Schüssel geben und beiseite stellen.

3. In der gleichen Pfanne gib einen Tropfen Kokosöl und dünste die Zwiebelwürfel an, bis sie glasig sind. Füge den gehackten Spinat hinzu und dünste alles zusammen, bis der Spinat zusammengefallen ist. Nimm es vom Herd und lass es kurz abkühlen.

4. Schlage die Eier in einer separaten Schüssel auf und füge die Milch hinzu. Verquirlen, bis alles gut vermischt ist. Füge den Kurkuma, Salz und Pfeffer hinzu und rühre erneut gut durch.

5. Füge nun die Haferflocken-Mischung und den Spinat-Zwiebel-Mix zu den Eiern und rühre alles gründlich zusammen.

6. Verteile die Masse gleichmäßig in der vorbereiteten Form und glätte die Oberfläche mit einem Löffel.

7. Backe die Mischung im vorgeheizten Backofen für etwa 15-20 Minuten oder bis die Oberfläche fest und goldbraun ist.

8. Lass es in der Form abkühlen und schneide es dann in Riegel.

Brokkoli-Snack mit Zitronendip

Zubereitungszeit: 15 Minuten
Portionen: 1 Person

Zutaten:

- 1 mittelgroßer Brokkoli, in Röschen geteilt
- 1 EL natives Olivenöl extra
- Salz
- Schwarzer Pfeffer
- 100 ml fettarmer Bio-Joghurt (1,5 % Fett)
- Saft und Schale einer Bio-Zitrone
- 1 TL frisch gehackter Rosmarin
- 1 TL frisch gehackter Basilikum
- 1 Knoblauchzehe, fein gehackt
- 1 TL Chiasamen

Zubereitung:

1. Den Brokkoli waschen und in Röschen teilen. Ein wenig Olivenöl in einer Pfanne erhitzen und die Brokkoli-Röschen darin anbraten, bis sie leicht goldbraun und knusprig sind. Dabei gelegentlich umrühren.

2. Den gebratenen Brokkoli mit einer Prise Salz und schwarzem Pfeffer abschmecken und aus der Pfanne nehmen.

3. Für den Zitronendip den Joghurt in eine Schüssel geben. Saft und Schale der Zitrone, Rosmarin, Basilikum und den gehackten Knoblauch hinzufügen. Alles gut verrühren.

4. Den Dip mit Salz und Pfeffer abschmecken und die Chiasamen unterrühren.

5. Den Brokkoli auf einem Teller anrichten und den Zitronendip daneben servieren.

Frühstück

Chia-Pfirsich-Bowl

Zubereitungszeit: 15 Minuten
Portionen: 1 Person

Zutaten:

- 1 frischer Pfirsich, gewaschen und in kleine Würfel geschnitten
- 2 EL Chiasamen
- 200 ml fettarme frische Bio-Milch (1,5 % Fett)
- 2 EL Haferflocken
- Eine Prise Vanille
- 5-6 frische Erdbeeren, gewaschen und halbiert
- 1 EL Kokosraspeln
- 1 EL gehackte Mandeln
- 1 TL frischer Basilikum, fein gehackt
- 2 EL fettarmer Bio-Joghurt (1,5 % Fett)

Zubereitung:

1. Vermische zuerst die Chiasamen mit der Milch in einer Schüssel. Lass sie etwa 10 Minuten quellen, bis eine puddingartige Konsistenz entsteht.

2. In der Zwischenzeit kannst du die Pfirsichwürfel und die halbierten Erdbeeren vorbereiten.

3. Nachdem die Chiasamen gequollen sind, gib die Haferflocken und die Prise Vanille dazu und rühre gut um.

4. Verteile die Chia-Hafer-Mischung in einer Bowl oder einem tiefen Teller.

5. Verteile nun die Pfirsichwürfel und die Erdbeeren gleichmäßig darüber.

6. Löffle den Joghurt in die Mitte der Bowl.

7. Bestreue alles mit Kokosraspeln, gehackten Mandeln und dem fein gehackten Basilikum. Lass es dir schmecken.

Haferporridge mit Beeren

Zubereitungszeit: 15 Minuten
Portionen: 1 Person

Zutaten:

- 50 g Haferflocken
- 200 ml Hafermilch, ungesüßt
- 1 Bio-Zitrone, Schale abgerieben und Saft
- 1 TL Chiasamen
- Eine kleine Handvoll frische Beeren (z.B. Himbeeren, Heidelbeeren, Erdbeeren)
- 1 EL gehackte Walnüsse
- 1 EL Mandelmus
- Eine Prise Salz

Zubereitung:

1. In einem kleinen Topf die Hafermilch zusammen mit den Haferflocken geben. Eine Prise Salz hinzufügen.

2. Den Topf auf mittlerer Stufe erhitzen und unter ständigem Rühren langsam zum Kochen bringen. Wenn die Mischung anfängt zu blubbern, die Hitze reduzieren und 5-7 Minuten köcheln lassen, bis der Hafer weich und die Flüssigkeit größtenteils absorbiert ist.

3. Während der Hafer kocht, die Beeren waschen und gegebenenfalls halbieren oder vierteln.

4. Den Topf vom Herd nehmen und die abgeriebene Zitronenschale, Chiasamen und einen Spritzer Zitronensaft unterrühren.

5. Das Porridge in eine Schale geben und mit Beeren, gehackten Walnüssen und einem Löffel Mandelmus garnieren.

Vollkornpfannkuchen mit Apfelmus

Zubereitungszeit: 20 Minuten
Portionen: 1 Person

Zutaten:

- 50 g Dinkelvollkornmehl
- 100 ml fettarme Bio-Milch (1,5 % Fett)
- 1 Bio-Ei
- 1 TL Kokosöl zum Braten
- 1 mittelgroßer Apfel, gewaschen und grob gerieben
- 1 TL Zimt
- 1 EL Mandeln, gehackt
- 1 TL Leinsamen

Zubereitung:

1. In einer Schüssel das Dinkelvollkornmehl, Ei und die fettarme Milch gut vermengen, bis ein glatter Teig entsteht.

2. Den Apfel grob reiben und mit Zimt mischen. Dies wird das Apfelmus.

3. Eine Pfanne auf mittlerer Hitze erwärmen und das Kokosöl hinzufügen.

4. Sobald das Öl geschmolzen ist, einen Schöpflöffel Teig in die Pfanne geben und verteilen, bis ein runder Pfannkuchen entsteht.

5. Nach 2-3 Minuten, wenn die Unterseite goldbraun ist, den Pfannkuchen wenden und weitere 2-3 Minuten braten.

6. Den Pfannkuchen aus der Pfanne nehmen und warm halten, während du die restlichen Pfannkuchen zubereitest.

7. Die fertigen Pfannkuchen auf einem Teller anrichten, das frische Apfelmus darauf verteilen, mit gehackten Mandeln und Leinsamen bestreuen.

Dinkel-Vollkornbrot mit Avocado

Zubereitungszeit: 20 Minuten
Portionen: 1 Person

Zutaten:

- 1 Scheibe Dinkel-Vollkorn-brot
- 1 reife Avocado, halbiert und entkernt
- 2 TL frischer Zitronensaft von einer Bio-Zitrone
- 1 TL Chiasamen
- Eine Prise frischer Kurkuma, gerieben
- 2 TL natives Olivenöl extra
- Eine Prise frischer Rosmarin, fein gehackt
- Salz und schwarzer Pfeffer zum Abschmecken

Zubereitung:

1. Das Vollkornbrot im Toaster oder in einer Pfanne ohne Öl auf mittlerer Stufe rösten, bis sie leicht knusprig ist.

2. Während das Brot toastet, das Fruchtfleisch der Avocado in eine Schüssel löffeln. Zitronensaft, Kurkuma und Olivenöl hinzufügen.

3. Mit einer Gabel die Avocado grob zerdrücken und die Mischung zu einer groben Paste verrühren. Nach Geschmack salzen und pfeffern.

4. Die Avocadopaste gleichmäßig auf das getoastete Dinkel-Vollkornbrot streichen.

5. Mit Chiasamen und gehacktem Rosmarin bestreuen.

Quinoa-Frühstücksbowl

Zubereitungszeit: 20 Minuten
Portionen: 1 Person

Zutaten:

- 50 g Quinoa, gut gespült
- 1 Kiwi, geschält und in Scheiben geschnitten
- 100 ml fettarme Bio-Milch (1,5 % Fett)
- 1 EL Chiasamen
- 1 EL Mandeln, grob gehackt
- 1 TL Vanille
- 1 EL Kokosraspeln
- Eine Handvoll frische Heidelbeeren
- Eine Prise Zimt, optional
- 1 TL frisch gepresster Bio-Zitronensaft

Zubereitung:

1. Gib die Quinoa in einen kleinen Topf und füge 200 ml Wasser hinzu. Bringe es zum Kochen und reduziere dann die Hitze. Lass die Quinoa für etwa 15 Minuten köcheln, bis sie weich ist und das Wasser absorbiert wurde.

2. Während die Quinoa kocht, kannst du die Kiwi schälen und in Scheiben schneiden.

3. In einer kleinen Schüssel die fettarme Milch, Chiasamen und Vanille vermengen. Etwa 10 Minuten stehen lassen, damit die Chiasamen quellen können.

4. Wenn die Quinoa fertig ist, vom Herd nehmen und etwas abkühlen lassen.

5. Die Quinoamischung in eine Schale geben.

6. Die Milch-Chia-Mischung über die Quinoa gießen.

7. Mit Kiwischeiben, Heidelbeeren, gehackten Mandeln und Kokosraspeln belegen.

8. Zum Schluss mit Zitronensaft beträufeln und mit einer Prise Zimt bestreuen, falls gewünscht. Guten Appetit!

Spinat-Omelett

Zubereitungszeit: 15 Minuten
Portionen: 1 Person

Zutaten:

- 2 Bio-Eier
- 100 g frischer Spinat, gewaschen und grob gehackt
- 1 kleine Frühlingszwiebel, fein geschnitten
- 1 TL Kokosöl
- 1 EL fettarmer Bio-Joghurt (1,5 % Fett)
- Salz und schwarzer Pfeffer nach Geschmack
- Eine Prise Muskat
- 1 EL gehackte frische Petersilie
- 1 EL Feta oder Ziegenkäse (bis 45 % Fett)

Zubereitung:

1. In einer mittelgroßen Pfanne das Kokosöl auf mittlerer Hitze erwärmen.

2. Die Frühlingszwiebeln hinzufügen und 2-3 Minuten dünsten, bis sie weich sind.

3. Den Spinat hinzufügen und weiter dünsten, bis er zusammengefallen ist und das Wasser verdampft ist. Mit Salz, Pfeffer und einer Prise Muskat würzen.

4. In einer kleinen Schüssel die Eier verquirlen und über den Spinat in der Pfanne gießen.

5. Das Omelett 2-3 Minuten braten, bis die Unterseite goldbraun und die Oberseite fast fest ist.

6. Den Feta oder Ziegenkäse über eine Hälfte des Omeletts streuen und die andere Hälfte darüber klappen. Kurz weiterbraten, bis der Käse schmilzt.

7. Das Omelett vorsichtig auf einen Teller gleiten lassen. Mit Joghurt und gehackter Petersilie garnieren.

Rote Beete-Müsli mit Mandeln

Zubereitungszeit: 15 Minuten
Portionen: 1 Person

Zutaten:

- 1 mittelgroße Rote Beete, gerieben
- 4 EL Haferflocken
- 2 EL Mandeln, grob gehackt
- 1 EL Sonnenblumenkerne
- 1 Bio-Zitrone, Abrieb und Saft
- 150 ml Mandelmilch, ungesüßt
- 1 Apfel, gewürfelt
- 3 EL Fettarmer Bio-Joghurt (1,5 % Fett)
- Eine Prise Kurkuma
- 1 TL Chiasamen
- Frische Beeren (z.B. Heidelbeeren oder Erdbeeren) für die Dekoration

Zubereitung:

1. In einer Schüssel die Haferflocken zusammen mit der Mandelmilch und dem Zitronensaft mischen. Dies lässt du kurz einweichen, bis die Haferflocken beginnen, die Flüssigkeit aufzunehmen.

2. In der Zwischenzeit die Rote Beete reiben und den Apfel in kleine Würfel schneiden. Die Mandeln grob hacken und beiseite stellen.

3. Zum Haferflocken-Mandelmilch-Gemisch nun die geriebene Rote Beete, Apfelwürfel, Mandeln und Sonnenblumenkerne hinzufügen und gut umrühren.

4. Den Joghurt unterheben und alles mit einer Prise Kurkuma und dem Zitronenabrieb abschmecken.

5. Das Müsli in eine Schüssel geben und mit Chiasamen und frischen Beeren dekorieren.

Hirsebrei mit Rhabarber

Zubereitungszeit: 25 Minuten
Portionen: 1 Person

Zutaten:

- 50 g Hirse, gewaschen
- 1 Stange Rhabarber, in kleine Stücke geschnitten
- 200 ml fettarme Bio-Milch (1,5 % Fett) oder Mandelmilch, ungesüßt
- 1 EL Sonnenblumenkerne
- 1 TL Chiasamen
- 1 Bio-Zitrone, Abrieb
- Eine Prise Vanille
- 1 EL fettarmer Bio-Joghurt (1,5 % Fett) zum Servieren
- Einige frische Beeren (z.B. Erdbeeren oder Heidelbeeren) für die Dekoration

Zubereitung:

1. Du bringst die Milch in einem kleinen Topf zum Kochen und gibst die gewaschene Hirse hinzu. Auf kleiner Flamme ca. 15 Minuten köcheln lassen, dabei gelegentlich umrühren.

2. Währenddessen den Rhabarber in einem separaten kleinen Topf mit ein wenig Wasser 5-7 Minuten lang dünsten, bis er weich wird, aber nicht völlig zerfällt.

3. Den Zitronenabrieb und die Vanille zur Hirse hinzufügen und gut umrühren.

4. Wenn die Hirse weich und die Flüssigkeit größtenteils absorbiert ist, nimmst du den Topf vom Herd.

5. In eine Schüssel gießen und mit dem gedünsteten Rhabarber, Sonnenblumenkernen und Chiasamen verfeinern.

6. Mit einem Löffel Joghurt und frischen Beeren garnieren.

Kokosjoghurt mit Chiasamen

Zubereitungszeit: 15 Minuten
Portionen: 1 Person

Zutaten:

- 200 ml Kokosjoghurt, ungesüßt
- 2 EL Chiasamen
- 1 kleiner Apfel, gewürfelt
- 1 EL Kokosraspeln
- 1 EL frische Heidelbeeren
- 1 EL Mandeln, grob gehackt
- 1/2 TL Vanille, gemahlen
- 1 Prise Zimt
- 1 EL frischer Bio-Zitronensaft
- 1 EL Hanfsamen
- 2 EL fettarmer Bio-Joghurt
  (1,5 % Fett)
- Einige frische Minzblätter für
  die Dekoration

Zubereitung:

1. In einer Schüssel den Kokosjoghurt und den fettarmen Joghurt vermischen.

2. Die Chiasamen hinzufügen und gut unterrühren. Die Mischung für ca.
   10 Minuten stehen lassen, bis die Chiasamen zu quellen beginnen.

3. Währenddessen den Apfel waschen, entkernen und in kleine Würfel
   schneiden. Mit dem frischen Zitronensaft beträufeln, um ein Braunwerden zu verhindern.

4. Heidelbeeren waschen und abtropfen lassen. Mandeln grob hacken.

5. Die gequollene Chia-Joghurt-Mischung mit Vanille und einer Prise
   Zimt verfeinern und gut verrühren.

6. Den Chia-Joghurt in ein Glas oder eine Schale füllen.

7. Die Apfelstücke, Heidelbeeren, Kokosraspeln, gehackten Mandeln und
   Hanfsamen darüber streuen.

8. Abschließend das Ganze mit frischen Minzblättern dekorieren.

Hafermilch-Smoothie

Zubereitungszeit: 10 Minuten
Portionen: 1 Person

Zutaten:

- 1 reife Kiwi, geschält und in Stücke geschnitten
- 1 Handvoll frischer Spinat, gewaschen und grob gehackt
- 250 ml Hafermilch, ungesüßt
- 1 TL Chiasamen
- 1 Bio-Zitrone, Saft und etwas Abrieb
- 1 TL frischer Ingwer, gerieben
- 1 EL Kokosraspeln
- Eine Prise Kurkuma
- Einige frische Minzblätter (nach Geschmack)

Zubereitung:

1. Nimm deinen Mixer und gebe die Kiwi, den Spinat und die Hafermilch hinein.
2. Füge die Chiasamen, den Zitronensaft, den Zitronenabrieb und den frisch geriebenen Ingwer hinzu.
3. Gib eine Prise Kurkuma und die Kokosraspeln hinzu.
4. Mixe alles gut durch, bis der Smoothie eine gleichmäßige, cremige Konsistenz hat.
5. Je nach Wunsch kannst du zum Schluss noch einige Minzblätter hinzufügen und nochmals kurz mixen.
6. Zum Schluss gieße den fertigen Smoothie in ein Glas.

Erdbeermüsli mit Mandelmilch

Zubereitungszeit: 10 Minuten
Portionen: 1 Person

Zutaten:

- 100 g frische Erdbeeren, gewaschen und in Scheiben geschnitten
- 40 g Haferflocken
- 10 g Chiasamen
- 15 g Walnüsse, grob gehackt
- 10 g Sonnenblumenkerne
- 1 TL frisch geriebener Ingwer
- 1 EL fettarmer Bio-Joghurt (1,5 % Fett)
- 200 ml Mandelmilch, ungesüßt
- Eine Prise Kurkuma
- Frische Minzblätter, gewaschen und gehackt

Zubereitung:

1. In einer Schüssel die Haferflocken mit den Chiasamen, Walnüssen und Sonnenblumenkernen vermengen.

2. Die Erdbeerscheiben dazugeben und gut unterrühren.

3. Den frisch geriebenen Ingwer und Kurkuma hinzufügen und alles gut miteinander vermischen.

4. Die Mandelmilch und den Joghurt dazugeben und alles gut verrühren, bis eine gleichmäßige Mischung entsteht.

5. Das Müsli in eine Schüssel geben und mit den gehackten Minzblättern bestreuen.

Frischkäsebrot mit Rucola

Zubereitungszeit: 15 Minuten
Portionen: 1 Person

Zutaten:

- 2 Scheiben Vollkornbrot
- 2 EL körniger Frischkäse
- 1 Handvoll Rucola, gewaschen und getrocknet
- 1 TL natives Olivenöl extra
- 1 TL Zitronensaft von einer Bio-Zitrone
- 1 TL Sonnenblumenkerne, geröstet
- 2 Scheiben Avocado
- Eine Prise Salz
- Eine Prise frisch gemahlener schwarzer Pfeffer
- 1 TL frischer Basilikum, gehackt

Zubereitung:

1. Röste das Vollkornbrot leicht an, bis es knusprig ist.

2. Verteile den körnigen Frischkäse gleichmäßig auf den gerösteten Brotscheiben.

3. Lege die Avocadoscheiben auf den Frischkäse.

4. In einer kleinen Schüssel vermische den Rucola mit Olivenöl und Zitronensaft.

5. Verteile den marinierten Rucola über der Avocado.

6. Streue die gerösteten Sonnenblumenkerne darüber und gib eine Prise Salz und Pfeffer dazu.

7. Zum Schluss mit gehacktem Basilikum bestreuen.

Gemüseomelett mit Kräutern

Zubereitungszeit: 20 Minuten
Portionen: 1 Person

Zutaten:

- 2 Bio-Eier
- 1 kleine Karotte, fein gewürfelt
- 3 frische Champignons, in dünne Scheiben geschnitten
- 1 kleine Zucchini, in kleine Würfel geschnitten
- 1 Frühlingszwiebel, in Ringe geschnitten
- 1 TL frischer Thymian, fein gehackt
- 1 TL frischer Rosmarin, fein gehackt
- 1 EL Feta oder Ziegenkäse, zerbröselt (bis 45 % Fett)
- 1 EL natives Olivenöl extra
- Salz und schwarzer Pfeffer zum Abschmecken

Zubereitung:

1. In einer kleinen Pfanne das Olivenöl bei mittlerer Hitze erwärmen.

2. Karotten, Champignons und Zucchini hinzufügen und für 5-7 Minuten dünsten, bis sie leicht gebräunt und weich sind.

3. Die Frühlingszwiebeln, Thymian und Rosmarin unterrühren und weitere 2 Minuten braten.

4. In einer Schüssel die Eier verquirlen und mit Salz und Pfeffer würzen.

5. Die verquirlten Eier über das Gemüse in der Pfanne gießen und gleichmäßig verteilen.

6. Bei niedriger bis mittlerer Hitze 3-4 Minuten garen, bis das Omelett an den Rändern fest wird.

7. Den zerbröselten Feta- oder Ziegenkäse darüberstreuen.

8. Das Omelett vorsichtig mit einem Spatel oder einer Gabel in der Mitte falten.

9. Noch weitere 2-3 Minuten garen, bis das Omelett vollständig durchgegart ist, aber innen noch leicht cremig bleibt.

Leinsamen-Pfannkuchen

Zubereitungszeit: 15 Minuten
Portionen: 1 Person

Zutaten:

- 2 Bio-Eier
- 50 g Haferflocken
- 2 EL Leinsamen, gemahlen
- 1 reife Avocado, püriert
- 100 ml Hafermilch, ungesüßt
- 1 TL Backpulver
- 1 TL Vanille
- Eine Prise Salz
- Kokosöl zum Ausbacken
- Frische Beeren (Erdbeeren, Heidelbeeren oder Himbeeren)
- Etwas fettarmer Bio-Joghurt (1,5 % Fett)

Zubereitung:

1. In einer Schüssel die Eier schaumig schlagen.

2. Haferflocken, gemahlene Leinsamen, Backpulver, Vanille und Salz hinzufügen und gut vermischen.

3. Pürierte Avocado und Hafermilch in die Mischung einrühren, bis ein glatter Teig entsteht.

4. Eine Pfanne auf mittlere Hitze erhitzen und etwas Kokosöl hinzugeben.

5. Pro Pfannkuchen eine Kelle Teig in die Pfanne geben und von beiden Seiten goldbraun ausbacken.

6. Die Pfannkuchen auf einem Teller anrichten, mit frischen Beeren und einem Klecks Joghurt servieren.

Joghurt mit gerösteten Nüssen und Früchten

Zubereitungszeit: 10 Minuten
Portionen: 1 Person

Zutaten:

- 150 ml fettarmer Bio-Joghurt (1,5 % Fett)
- 10 g Mandeln, grob gehackt
- 10 g Walnüsse, grob gehackt
- 5 Erdbeeren, gewaschen und geviertelt
- 1 Kiwi, geschält und in kleine Stücke geschnitten
- 5 Heidelbeeren, gewaschen
- 1 TL Chiasamen
- Einige Blätter frischer Minze, gewaschen und fein gehackt
- 1 TL Kokosraspeln

Zubereitung:

1. In einer kleinen Pfanne die Mandeln und Walnüsse ohne Öl für etwa 2-3 Minuten bei mittlerer Hitze anrösten, bis sie leicht golden und duftend sind. Dann vom Herd nehmen und abkühlen lassen.

2. Den Joghurt in eine Schüssel geben.

3. Die gerösteten Nüsse über den Joghurt streuen.

4. Die Erdbeeren, Kiwi und Heidelbeeren vorsichtig unter den Joghurt heben.

5. Mit Chiasamen und Kokosraspeln bestreuen.

6. Zum Schluss die frisch gehackte Minze darüber streuen.

Desserts

Avocado-Schokoladenmousse

Zubereitungszeit: 15 Minuten
Portionen: 1 Person

Zutaten:

- 1 reife Avocado, halbiert und entkernt
- 2 TL Zartbitterschokolade (70 % Kakao), geschmolzen
- 1 Bio-Limette, Schale abgerieben und Saft gepresst
- 1 TL Mandelmus
- 1 TL Kakaopulver
- 1 EL fettarmer Bio-Joghurt (1,5 % Fett)
- Einige frische Beeren (z.B. Himbeeren oder Heidelbeeren) für die Dekoration

Zubereitung:

1. Die geschmolzene Zartbitterschokolade in eine Schüssel geben. Wenn sie noch zu heiß ist, lass sie ein wenig abkühlen.

2. Füge das Fruchtfleisch der Avocado hinzu. Mit einem Handmixer oder einer Gabel gut pürieren, bis eine glatte Masse entsteht.

3. Nun das Mandelmus, Kakaopulver, den Joghurt und den Limettensaft hinzugeben und gut vermischen.

4. Das Mousse in eine Dessertschale füllen. Mit frischen Beeren und etwas Limettenschale dekorieren.

Rote Beete-Schokoladenkuchen

Zubereitungszeit: 35 Minuten
Portionen: 1 Person

Zutaten:

- 50 g Rote Beete, gerieben
- 20 g Zartbitterschokolade (70 % Kakao), gehackt
- 20 g Mandeln, gemahlen
- 1 Bio-Ei
- 1 EL Haferflocken
- 1 EL Kakaopulver
- 1 TL Vanilleextrakt
- 1 TL natives Olivenöl extra
- 1 TL Backpulver
- Eine Prise Salz

Zubereitung:

1. Heize deinen Ofen auf 180 Grad vor.

2. In einer kleinen Rührschüssel das Ei mit dem Olivenöl und dem Vanilleextrakt verquirlen, bis alles gut vermischt ist.

3. Füge die geriebene Rote Beete und die gehackte Zartbitterschokolade hinzu und vermische alles gut miteinander.

4. Gib die gemahlenen Mandeln, die Haferflocken, das Kakaopulver, das Backpulver und das Salz hinzu und rühre erneut, bis alles gut vermengt ist.

5. Gieße den Teig in eine kleine, mit Backpapier ausgelegte Backform.

6. Backe den Kuchen im vorgeheizten Ofen für etwa 25 Minuten oder bis ein Zahnstocher sauber herauskommt, wenn man ihn in die Mitte des Kuchens steckt.

7. Lass den Kuchen kurz abkühlen und genieße dann deinen selbstgemachten Schokoladenkuchen.

Zitronen-Basilikum-Sorbet

Zubereitungszeit: 20 Minuten + Gefrierzeit
Portionen: 1 Person

Zutaten:

- 1 Bio-Zitrone, Saft und Schale
- 10 Blätter frischer Basilikum, fein gehackt
- 200 ml Wasser
- 2 EL zuckerarmer Fruchtbrei (z.B. aus Erdbeeren oder Heidelbeeren)
- 1 EL Chiasamen
- 50 ml fettarmer Bio-Joghurt (1,5 % Fett)

Zubereitung:

1. Die Zitrone gründlich waschen und die Schale abreiben. Anschließend halbieren und den Saft auspressen.

2. Das Wasser in einem Topf zum Kochen bringen. Zitronensaft und -schale sowie den zuckerarmen Fruchtbrei hinzufügen. Einige Minuten köcheln lassen, bis sich alles gut vermischt hat.

3. Den Topf vom Herd nehmen und den gehackten Basilikum sowie die Chiasamen unterrühren. Die Mischung abkühlen lassen.

4. Sobald die Mischung abgekühlt ist, den fettarmen Joghurt unterheben und alles gut verrühren.

5. Die Sorbetmischung in eine gefriergeeignete Schale füllen und für mindestens 4 Stunden oder bis zur gewünschten Konsistenz ins Gefrierfach stellen. Zwischendurch immer wieder umrühren, damit sich keine Eiskristalle bilden.

6. Vor dem Servieren das Sorbet etwa 10 Minuten bei Raumtemperatur stehen lassen. Anschließend mit einem Eisportionierer oder einem Löffel Portionen formen.

Chiasamen-Pudding mit Nüssen

Zubereitungszeit: 15 Minuten + mindestens 3 Stunden Ruhezeit
Portionen: 1 Person

Zutaten:

- 3 EL Chiasamen
- 200 ml Mandelmilch, unge-süßt
- 1 kleine Bio-Zitrone, Abrieb
- 1/2 Apfel, gewürfelt
- 1 TL Vanille

- 2 EL Walnüsse, grob gehackt
- 1 TL Kokosraspeln
- Einige Heidelbeeren zur Dekoration
- Ein Spritzer Bio-Limettensaft zum Abschmecken

Zubereitung:

1. In einer Schüssel die Chiasamen, Mandelmilch und den Vanille gut vermengen.

2. Die Mischung für mindestens 3 Stunden oder über Nacht im Kühlschrank quellen lassen. Dabei gelegentlich umrühren, damit keine Klumpen entstehen.

3. In der Zwischenzeit den Apfel waschen, entkernen und in kleine Würfel schneiden. Den Abrieb der Zitrone hinzufügen und gut vermischen.

4. Die Walnüsse grob hacken und beiseite stellen.

5. Nach der Quellzeit den Chia-Pudding aus dem Kühlschrank nehmen und gut durchrühren. Sollte er zu fest sein, kannst du noch ein wenig Mandelmilch hinzufügen und erneut umrühren.

6. Den Pudding in ein Schälchen oder Glas füllen. Den gewürfelten Apfel, Walnüsse und Kokosraspeln darauf verteilen.

7. Mit einigen frischen Heidelbeeren garnieren und zum Schluss einen Spritzer Limettensaft darüber träufeln.

Himbeer-Avocado-Eis

Zubereitungszeit: 15 Minuten
Portionen: 1 Person

Zutaten:

- 100 g frische Himbeeren, gewaschen
- 1/2 reife Avocado, entkernt und gewürfelt
- 60 ml fettarmer Bio-Joghurt (1,5 % Fett)
- 1 TL frischer Zitronensaft einer Bio-Zitrone
- 1 EL Chiasamen
- 1 TL Vanille, gemahlen
- 2 EL Kokosraspeln
- 2 EL Wasser

Zubereitung:

1. Nimm die frischen Himbeeren und püriere sie in einem Mixer oder mit einem Pürierstab zu einem feinen Mus.

2. Füge die gewürfelte Avocado hinzu und mixe erneut, bis eine gleichmäßige Masse entsteht.

3. Gib nun den Joghurt, Zitronensaft und die gemahlene Vanille in den Mixer und verarbeite alles zu einer glatten Creme.

4. Schütte die Chiasamen in ein kleines Schüsselchen und gib 2 EL Wasser dazu. Lass die Samen für etwa 5 Minuten quellen.

5. Füge die gequollenen Chiasamen und die Kokosraspeln zur Himbeer-Avocado-Mischung hinzu und rühre gut um.

6. Fülle die Masse in ein gefriergeeignetes Behältnis und stelle es für mindestens 3 Stunden ins Gefrierfach. Zwischendurch gelegentlich umrühren, um Eiskristalle zu vermeiden.

7. Wenn du bereit bist, hole das Eis aus dem Gefrierfach und lass es etwa 10 Minuten antauen, sodass du es leichter aus dem Behältnis bekommst.

Birnen-Tarte mit Mandelcreme

Zubereitungszeit: 35 Minuten
Portionen: 1 Person

Zutaten:

- 1 reife Birne, geschält und in dünne Scheiben geschnitten
- 50 g Mandeln, fein gemahlen
- 20 g Haferflocken
- 20 ml Mandelmilch, ungesüßt
- 1 EL Kokosöl, geschmolzen
- 1 EL Chiasamen
- 2 TL Vanille, gemahlen
- 1 Bio-Ei
- 1 EL Zartbitterschokolade (70 % Kakao), gerieben
- Eine Prise Meersalz
- Einige frische Minzblätter zum Garnieren

Zubereitung:

1. Heize deinen Ofen auf 180 Grad vor.

2. Für den Teigboden: Mische Haferflocken, gemahlene Mandeln, Chiasamen, Kokosöl, eine Prise Salz und 1 TL Vanille in einer Schüssel, bis alles gut vermischt ist. Füge langsam die Mandelmilch hinzu und rühre weiter, bis ein fester Teig entsteht.

3. Drücke den Teig fest in eine kleine, gefettete Tarteform (ca. 12 cm Durchmesser), sodass Boden und Seiten bedeckt sind.

4. Für die Mandelcreme: In einer kleinen Schüssel, vermenge das Ei, die restliche Vanille und die geriebene Zartbitterschokolade. Füge die gemahlenen Mandeln hinzu und rühre, bis alles gut vermischt ist.

5. Verteile die Mandelcreme gleichmäßig über den Teigboden in der Tarteform.

6. Lege die Birnenscheiben in einem kreisförmigen Muster auf die Mandelcreme.

7. Backe die Tarte 25 Minuten im Ofen oder bis sie goldbraun und fest ist.

8. Lass die Tarte etwas abkühlen und garniere sie mit frischen Minzblättern.

Zitronen-Mohn-Kuchen

Zubereitungszeit: 25 Minuten
Portionen: 1 Person

Zutaten:

- 50 g Dinkelvollkornmehl
- 1 Bio-Ei
- 2 TL Mohn
- Saft einer Bio-Zitrone
- Abrieb einer halben Bio-Zitrone
- 2 EL fettarmer Bio-Joghurt (1,5 % Fett)
- 1 TL Backpulver
- 1 EL Mandelmus
- 2 EL Kokosraspeln
- 1 EL Chiasamen (eingeweicht in 3 EL Wasser für 10 Minuten)
- 1 EL Mandelmilch, ungesüßt
- 1 TL natives Olivenöl extra
- Eine Prise Salz

Zubereitung:

1. Heize deinen Backofen auf 180 Grad vor.
2. In einer Schüssel Dinkelvollkornmehl, Backpulver, Mohn und Kokosraspeln vermengen.
3. In einer anderen Schüssel das Ei, Zitronensaft, Zitronenabrieb, Mandelmus, fettarmen Joghurt und Chiasamen-Gel gründlich vermischen. Das Olivenöl und die Mandelmilch hinzufügen und weiter rühren, bis alles gut vermischt ist.
4. Die feuchten Zutaten zu den trockenen Zutaten geben und alles zu einem glatten Teig verrühren.
5. Eine kleine Backform mit einem wenig Olivenöl einfetten und den Teig hineingeben.
6. Den Kuchen für ca. 20 Minuten im Ofen backen. Stäbchenprobe machen – wenn das Stäbchen sauber herauskommt, ist der Kuchen fertig.
7. Den Kuchen herausnehmen und auf einem Gitter auskühlen lassen.

Schokoladen-Fondue mit frischem Obst

Zubereitungszeit: 15 Minuten
Portionen: 1 Person

Zutaten:

- 40 g Zartbitterschokolade (70 % Kakao)
- 40 ml Kokosmilch, ungesüßt
- 1 Bio-Zitrone, Abrieb und ein paar Tropfen Saft
- 1 EL Mandelmus
- Eine Handvoll frisches Obst: Erdbeeren, Brombeeren, Aprikose und Kiwi, gewaschen und in mundgerechte Stücke geschnitten
- 1 EL Walnüsse, grob gehackt
- Eine Prise Vanille

Zubereitung:

1. In einem kleinen Topf die Zartbitterschokolade zusammen mit der Kokosmilch bei niedriger Hitze schmelzen. Dabei ständig umrühren, damit nichts anbrennt.

2. Sobald die Schokolade geschmolzen ist und sich mit der Kokosmilch verbunden hat, das Mandelmus unterrühren und weiter rühren, bis eine glatte Masse entsteht.

3. Den Abrieb der Zitrone und ein paar Tropfen Saft hinzufügen und gut vermengen. Mit einer Prise Vanille abschmecken.

4. Das Schokoladen-Fondue in einen kleinen Fondue-Topf oder eine kleine Schale geben. Neben dem Fondue-Topf das vorbereitete Obst und die gehackten Walnüsse anrichten.

5. Nun kannst du die Obststücke mit einer Fonduegabel eintauchen. Die Walnüsse können nach Belieben darüber gestreut oder auch eingetaucht werden. Guten Appetit.

Apfel-Zimt-Crumble

Zubereitungszeit: 20 Minuten
Portionen: 1 Person

Zutaten:

- 1 mittelgroßer Apfel, gewaschen und in kleine Stücke geschnitten
- 2 EL Haferflocken
- 1 EL Mandeln, grob gehackt
- 1 TL Kokosöl, geschmolzen
- 1/2 TL Zimt
- 1 EL Kokosraspeln
- 1 TL Chiasamen
- 2 EL fettarmer Bio-Joghurt (1,5 % Fett)
- Ein Spritzer Bio-Zitrone, Saft
- 1 TL Erdmandelcreme (ohne Zuckerzusatz)

Zubereitung:

1. Den Ofen auf 180 Grad vorheizen.
2. Die Apfelstücke in eine kleine Auflaufform geben und mit dem Spritzer Zitronensaft beträufeln.
3. In einer Schüssel Haferflocken, gehackte Mandeln, Kokosraspeln, Chiasamen und Zimt vermengen. Das geschmolzene Kokosöl hinzufügen und alles gut durchmischen, bis eine krümelige Masse entsteht.
4. Die Masse gleichmäßig über die Apfelstücke verteilen.
5. Das Crumble für ca. 15 Minuten im Ofen backen oder bis es goldbraun ist.
6. In der Zwischenzeit den Joghurt mit der Erdmandelcreme vermischen.
7. Das fertige Crumble aus dem Ofen nehmen und kurz abkühlen lassen.
8. Vor dem Servieren mit dem Erdmandel-Joghurt-Mix garnieren.

Kürbiskern-Pralinen

Zubereitungszeit: 25 Minuten
Portionen: 1 Person

Zutaten:

- 60 g Kürbiskerne, geröstet und grob gehackt
- 2 EL Kokosraspeln
- 3 EL Mandelmus
- 1 TL Kokosöl
- 1 EL zuckerarmes Erdbeerpüree (selbstgemacht)
- 1/4 TL Vanille
- Eine Prise Salz
- 20 g Zartbitterschokolade (70 % Kakao), geschmolzen

Zubereitung:

1. Du beginnst damit, die Kürbiskerne in einer Pfanne ohne Öl anzurösten, bis sie duftend sind und leicht Farbe angenommen haben. Anschließend lässt du sie abkühlen und hackst sie grob.

2. In einer Schüssel vermengst du das Mandelmus, das Kokosöl, das Erdbeerpüree, die Vanille und das Salz zu einer gleichmäßigen Masse.

3. Füge die Kokosraspeln und die gehackten Kürbiskerne hinzu und mische alles gut durch.

4. Mit Hilfe von zwei Teelöffeln formst du kleine Portionen der Masse und setzt sie auf ein mit Backpapier belegtes Tablett. Stelle das Tablett für etwa 15 Minuten in den Kühlschrank, damit die Pralinen fester werden.

5. Schmelze währenddessen die Zartbitterschokolade im Wasserbad oder vorsichtig in der Mikrowelle.

6. Tauche jede Praline kurz in die geschmolzene Schokolade und lege sie zurück auf das Backpapier.

7. Stelle die Pralinen erneut in den Kühlschrank, bis die Schokolade fest geworden ist.

Backwaren & Brote

Dinkel-Vollkornbrot mit Sonnenblumenkernen

Zubereitungszeit: 50 Minuten
Portionen: 1 Brotlaib

Zutaten:

- 150 g Dinkelvollkornmehl
- 50 g Haferflocken
- 1 TL Backpulver
- 1 Prise Salz
- 1 EL Chiasamen
- 3 EL Sonnenblumenkerne, plus einige zum Bestreuen
- 1 Bio-Ei
- 120 ml fettarme frische Bio-Milch (1,5 % Fett)
- 2 EL natives Olivenöl extra
- 1 TL frisch gepresster Saft einer Bio-Zitrone

Zubereitung:

1. Den Ofen auf 180 Grad vorheizen und eine kleine Kastenform mit Backpapier auslegen.

2. In einer großen Schüssel Dinkelvollkornmehl, Haferflocken, Backpulver, Salz, Chiasamen und Sonnenblumenkerne vermengen.

3. In einer separaten Schüssel das Ei aufschlagen und leicht verquirlen. Dann die Milch, Olivenöl und Zitronensaft hinzufügen und alles gut verrühren.

4. Die flüssige Mischung zu den trockenen Zutaten geben und alles zu einem gleichmäßigen Teig vermischen.

5. Den Teig in die vorbereitete Kastenform füllen und mit einigen Sonnenblumenkernen bestreuen.

6. Im vorgeheizten Ofen für etwa 40 Minuten backen oder bis ein Zahnstocher sauber herauskommt, wenn man ihn in die Mitte des Brotes steckt.

7. Das Brot aus dem Ofen nehmen und auf einem Kuchengitter auskühlen lassen.

Fünf-Korn-Brot mit Leinsamen

Zubereitungszeit: 45 Minuten
Portionen: 1 Brotlaib

Zutaten:

- 40 g Dinkelvollkornmehl
- 30 g Roggenvollkornmehl
- 20 g Weizenvollkornmehl
- 10 g Amaranth
- 10 g Quinoa
- 20 g Leinsamen
- 1 TL Salz
- 2 TL frischer Ingwer, gerieben

- 1 Bio-Ei
- 100 ml Buttermilch
- 10 g frische Hefe
- 1 EL natives Olivenöl extra
- 2 EL Sonnenblumenkerne
- 1 EL Kürbiskerne
- 1 TL Chiasamen

Zubereitung:

1. In einer großen Schüssel Dinkelvollkornmehl, Roggenvollkornmehl, Weizenvollkornmehl, Amaranth und Quinoa vermengen.

2. Leinsamen, Salz, geriebenen Ingwer und Chiasamen hinzufügen und gut durchmischen.

3. Das Ei, die Buttermilch und das Olivenöl in die Schüssel geben und vorsichtig unterheben, bis sich alles gut verbunden hat.

4. In einer kleinen Schüssel die frische Hefe in etwas warmem Wasser auflösen, bis sie schaumig wird. Diese Mischung zur Mehlmischung hinzufügen und alles gut vermengen.

5. Den Teig mit einem sauberen Küchentuch abdecken und an einem warmen Ort für etwa 15 Minuten gehen lassen.

6. Den Ofen auf 180 Grad vorheizen.

7. Nach der Ruhezeit den Teig auf eine bemehlte Arbeitsfläche geben und kurz durchkneten. Den Teig in die gewünschte Brotform bringen und mit Sonnenblumen- und Kürbiskernen bestreuen.

8. Das Brot in den vorgeheizten Ofen geben und für ca. 30 Minuten backen oder bis es goldbraun ist und beim Klopfen auf die Unterseite hohl klingt. Das Brot aus dem Ofen nehmen und auf einem Gitter vollständig abkühlen lassen.

Karotten-Muffins mit Walnüssen

Zubereitungszeit: 30 Minuten
Portionen: 1 Person

Zutaten:

- 1 mittelgroße Karotte, gerieben
- 25 g Walnüsse, grob gehackt
- 30 g Dinkelvollkornmehl
- 1 Bio-Ei
- 15 ml fettarme Bio-Milch (1,5 % Fett)
- 1/2 TL Backpulver
- 1 Prise Salz
- 1 TL natives Olivenöl extra
- 1/2 TL Vanille
- 1 TL Zitronensaft, frisch gepresst von einer Bio-Zitrone
- 5 Himbeeren als Dekoration

Zubereitung:

1. Den Ofen auf 180 Grad vorheizen und eine Muffinform mit drei Mulden vorbereiten.

2. Die geriebene Karotte mit den gehackten Walnüssen in einer Schüssel vermengen.

3. In einer anderen Schüssel das Dinkelvollkornmehl, Backpulver und Salz vermischen.

4. Das Ei mit der Milch, Olivenöl, Vanille und Zitronensaft in einer dritten Schüssel gut verquirlen.

5. Nun die Ei-Mischung zu den trockenen Zutaten hinzufügen und gut vermengen.

6. Die Karotten-Walnuss-Mischung unter den Teig heben.

7. Den Teig gleichmäßig auf die drei Muffinförmchen verteilen.

8. Im vorgeheizten Ofen etwa 20 Minuten backen, bis die Muffins goldbraun sind und ein Zahnstocher, den du in die Mitte eines Muffins steckst, sauber herauskommt.

9. Die Muffins aus dem Ofen nehmen und auf einem Kuchengitter auskühlen lassen. Zum Schluss mit den Himbeeren dekorieren.

Haferflocken-Cookies

Zubereitungszeit: 20 Minuten
Portionen: 1 Person

Zutaten:

- 50 g Haferflocken
- 1 Bio-Ei
- 30 g Mandeln, grob gehackt
- 1 Bio-Zitrone, Schale gerieben und Saft ausgepresst
- 10 g Kokosraspeln
- 2 TL Erdmandelmehl
- 1 TL Vanille
- 1 TL Kokosöl, geschmolzen
- 2 TL Chiasamen
- 5 Heidelbeeren, gewaschen

Zubereitung:

1. Heize deinen Ofen auf 180 Grad vor.

2. In einer mittelgroßen Schüssel verquirlst du das Ei, den Zitronensaft und das geschmolzene Kokosöl miteinander.

3. Gib die Haferflocken, die grob gehackten Mandeln, das Erdmandelmehl und die Kokosraspeln hinzu. Mische alles gut durch.

4. Füge die geriebene Zitronenschale, die Vanille und die Chiasamen hinzu. Vermenge alles zu einer homogenen Masse.

5. Mit einem Löffel nimmst du gleich große Mengen des Teigs und setzt diese auf ein mit Backpapier ausgelegtes Backblech. Drücke die Masse leicht flach und setze jeweils eine Heidelbeere in die Mitte jedes Cookies.

6. Backe die Cookies 12-15 Minuten im vorgeheizten Ofen, bis sie fest und leicht goldbraun sind.

7. Nimm sie heraus und lass sie auf einem Kuchengitter auskühlen.

Roggen-Sauerteigbrot

Zubereitungszeit: 18 Stunden (inkl. Ruhezeit)
Portionen: 1 Brotlaib

Zutaten:

- 200 g Roggenvollkornmehl
- 100 g Dinkelvollkornmehl
- 200 ml lauwarmes Wasser
- 1 TL Salz
- 100 g Sauerteigansatz (gekauft oder selbst hergestellt)
- 2 TL Chiasamen
- 1 TL Sonnenblumenkerne
- 1 TL Leinsamen
- 1 TL Sesam
- 1/2 TL Kümmel

Zubereitung:

1. In einer großen Schüssel Roggenvollkornmehl und Dinkelvollkornmehl miteinander vermengen.

2. In die Mitte der Mehlmischung eine Mulde drücken. Den Sauerteigansatz hineingeben und mit einem Teil des lauwarmen Wassers verrühren.

3. Salz, Chiasamen, Sonnenblumenkerne, Leinsamen, Sesam und Kümmel hinzufügen und alles gut vermischen. Dabei nach und nach das restliche Wasser hinzufügen, bis ein geschmeidiger Teig entsteht.

4. Den Teig mit einem sauberen Tuch abdecken und an einem warmen Ort etwa 12 Stunden gehen lassen.

5. Nach der Ruhezeit den Teig auf eine bemehlte Arbeitsfläche geben und kurz durchkneten.

6. Eine kleine Brotform mit etwas Roggenvollkornmehl bestäuben. Den Teig hineingeben und erneut mit dem Tuch abdecken. Weitere 4-6 Stunden gehen lassen.

7. Den Backofen auf 220 Grad vorheizen. Das Brot in den Ofen geben und etwa 30-35 Minuten backen, bis es eine goldbraune Kruste hat und beim Klopfen auf die Unterseite hohl klingt.

8. Das Brot aus der Form nehmen und auf einem Gitter vollständig auskühlen lassen.

Mandel-Croissant

Zubereitungszeit: 25 Minuten
Portionen: 1 Croissant

Zutaten:

- 50 g Dinkelvollkornmehl
- 1 TL Backpulver
- Eine Prise Salz
- 1 TL Kokosöl
- 20 ml Mandelmilch, ungesüßt
- 10 g Mandeln, gehackt
- 1 TL Sesam
- 5 g Zartbitterschokolade (70 % Kakao), fein gehackt

Zubereitung:

1. Heize deinen Backofen auf 180 Grad vor.

2. In einer Schüssel das Dinkelvollkornmehl, Backpulver und Salz vermengen.

3. Füge das Kokosöl hinzu und knete es mit den Fingerspitzen in das Mehl, bis eine krümelige Mischung entsteht.

4. Mandelmilch langsam hinzugießen und zu einem weichen Teig verkneten.

5. Rolle den Teig auf einer leicht bemehlten Arbeitsfläche zu einem Dreieck aus.

6. Streue die gehackten Mandeln, Sesam und die Zartbitterschokolade über die breite Seite des Dreiecks.

7. Rolle das Dreieck von der breiten Seite her auf, sodass du ein Croissant erhältst.

8. Lege das Croissant auf ein mit Backpapier ausgelegtes Backblech und backe es 15-18 Minuten lang, bis es goldbraun ist.

9. Lass es kurz abkühlen und genieße dein selbstgemachtes Croissant.

Spinat-Käse-Scones

Zubereitungszeit: 25 Minuten
Portionen: 1 Person

Zutaten:

- 80 g Dinkelvollkornmehl
- 40 g frischer Spinat, gewaschen und grob gehackt
- 25 g Feta-Käse, zerbröselt (bis 45 % Fett)
- 1 Bio-Ei
- 1 TL Backpulver
- 2 EL Hafermilch, ungesüßt
- 1 EL natives Olivenöl extra
- Eine Prise schwarzer Pfeffer
- Eine Prise Salz
- 1/2 TL Kurkuma

Zubereitung:

1. Heize deinen Ofen auf 180 Grad vor.

2. In einer Schüssel das Dinkelvollkornmehl und das Backpulver vermischen.

3. Füge das Olivenöl und das Ei hinzu und vermische alles gut.

4. Gib den Spinat und den zerbröselten Feta-Käse hinzu. Mische erneut, bis alles gut verbunden ist.

5. Füge die Hafermilch hinzu und rühre, bis ein glatter Teig entsteht.

6. Forme mit deinen Händen zwei Scones aus dem Teig und lege sie auf ein mit Backpapier ausgelegtes Backblech.

7. Bestreue die Scones mit einer Prise Kurkuma, Salz und schwarzem Pfeffer.

8. Backe die Scones im vorgeheizten Ofen für etwa 15-20 Minuten oder bis sie goldbraun sind.

9. Nimm sie aus dem Ofen und lass sie kurz abkühlen.

Rote Beete-Pita

Zubereitungszeit: 30 Minuten
Portionen: 1 Pita

Zutaten:

- 70 g Dinkelvollkornmehl
- 1 TL Kokosöl
- 1 kleine rote Beete, gerieben
- 30 ml Wasser
- 1 Prise Salz
- 3 EL Magerquark
- 3 Blätter Rucola, gewaschen
- 1 EL Sonnenblumenkerne
- 2 EL Bio-Limettensaft
- 1 TL natives Olivenöl extra
- 1 kleine Frühlingszwiebel, fein gehackt
- 1 TL frischer Rosmarin, fein gehackt

Zubereitung:

1. Nimm eine Schüssel und vermische das Dinkelvollkornmehl, Salz, Kokosöl und Wasser. Knete alles gut durch, bis ein geschmeidiger Teig entsteht.

2. Gib die geriebene rote Beete hinzu und knete erneut, bis sich alles gleichmäßig verteilt hat und der Teig eine rote Färbung angenommen hat.

3. Forme aus dem Teig eine flache Scheibe und rolle sie auf einer bemehlten Fläche zu einer dünnen, runden Pita-Form aus.

4. Erhitze eine Pfanne ohne Öl und backe die Pita darin von beiden Seiten jeweils 2-3 Minuten oder bis sie goldbraun und durchgebacken ist.

5. In der Zwischenzeit in einer kleinen Schüssel den Magerquark mit Limettensaft, Olivenöl, Frühlingszwiebel und Rosmarin vermischen. Dies wird dein Pita-Belag.

6. Sobald die Pita fertig gebacken ist, lass sie kurz abkühlen. Dann bestreich sie mit dem Magerquark-Belag, belege sie mit Rucola und streue die Sonnenblumenkerne darüber.

7. Zum Schluss kannst du, wenn gewünscht, die Pita in der Mitte falten.

Kokos-Kürbiskern-Müsliriegel

Zubereitungszeit: 15 Minuten
Portionen: 1 Person

Zutaten:

- 40 g Haferflocken
- 20 g Kokosraspeln
- 20 g Kürbiskerne
- 1 Bio-Ei
- 50 ml Kokosmilch, ungesüßt
- 10 g Chiasamen
- 1 EL Bio-Zitrone, Saft und Abrieb
- 1 TL Vanille
- 2 EL Mandelmus
- Eine Prise Salbei

Zubereitung:

1. Heize deinen Ofen auf 180 Grad vor.

2. In einer mittelgroßen Schüssel mischst du Haferflocken, Kokosraspeln und Kürbiskerne.

3. In einer anderen Schüssel schlägst du das Ei auf und gibst die Kokosmilch, Zitronensaft und -abrieb, Vanille und Mandelmus hinzu. Vermische alles gründlich.

4. Nun gibst du die flüssigen Zutaten zu den trockenen und rührst, bis sich alles gut verbunden hat. Die Masse sollte leicht klebrig sein. Falls sie zu trocken ist, füge ein wenig mehr Kokosmilch hinzu.

5. Füge jetzt die Chiasamen hinzu und lass die Masse etwa 10 Minuten ruhen, damit die Chiasamen quellen können.

6. Breite die Masse auf einem mit Backpapier ausgelegten Blech aus, bis sie etwa 1 cm dick ist.

7. Backe die Masse 20 Minuten oder bis sie goldbraun ist. Achte darauf, dass die Riegel nicht verbrennen.

8. Lass die gebackene Masse komplett abkühlen, dann schneidest du sie in Riegel.

Sesam-Knäckebrot

Zubereitungszeit: 20 Minuten + 30 Minuten Backzeit
Portionen: 1 Person

Zutaten:

- 50 g Dinkelvollkornmehl
- 20 g Haferflocken
- 25 g Sesam
- 25 g Sonnenblumenkerne
- 15 g Leinsamen
- 1 EL natives Olivenöl extra
- 1 TL frischer, geriebener Ingwer
- 1/4 TL Meersalz
- 100 ml Wasser

Zubereitung:

1. Heize deinen Backofen auf 180 Grad vor und lege ein Backblech mit Backpapier aus.

2. In einer mittelgroßen Schüssel Dinkelvollkornmehl, Haferflocken, Sesam, Sonnenblumenkerne und Leinsamen vermengen.

3. Den geriebenen Ingwer und das Meersalz hinzufügen und gut durchmischen.

4. Olivenöl und Wasser hinzufügen und alles zu einem gleichmäßigen Teig verarbeiten. Der Teig sollte feucht, aber nicht klebrig sein.

5. Den Teig zwischen zwei Stücke Backpapier legen und so dünn wie möglich ausrollen. Je dünner, desto knuspriger wird das Knäckebrot!

6. Den ausgerollten Teig vorsichtig auf das vorbereitete Backblech legen und mit einem scharfen Messer in gewünschte Knäckebrot-Größen schneiden.

7. Im vorgeheizten Backofen ca. 30 Minuten backen oder bis das Knäckebrot goldbraun und knusprig ist. Dabei nach der Hälfte der Backzeit einmal wenden, damit beide Seiten gleichmäßig gebacken werden.

8. Das Knäckebrot aus dem Ofen nehmen und vollständig auskühlen lassen. Dann am besten in luftdicht verschließbaren Behältern aufbewahren.

Buchweizen-Chia-Brot

Zubereitungszeit: 40 Minuten
Portionen: 1 Brotlaib

Zutaten:

- 150 g Buchweizenmehl
- 30 g Chiasamen
- 1 EL Sonnenblumenkerne
- 1 EL Kürbiskerne
- 1 TL Backpulver
- 1/2 TL Salz
- 2 EL natives Olivenöl extra
- 150 ml lauwarmes Wasser
- 1 EL Leinsamen
- 1/2 reife Avocado, zerdrückt
- 1 EL frisch gepresster Bio-Zitronensaft

Zubereitung:

1. Du beginnst, indem du die Chiasamen in einem kleinen Schälchen mit 60 ml Wasser mischst und sie etwa 15 Minuten quellen lässt, bis eine gelartige Konsistenz entsteht.

2. Während die Chiasamen quellen, mischst du das Buchweizenmehl, Sonnenblumenkerne, Kürbiskerne, Backpulver und Salz in einer großen Schüssel.

3. Füge nun das Chia-Gel, das Olivenöl und das restliche lauwarme Wasser hinzu und vermische alles gut miteinander, bis ein geschmeidiger Teig entsteht.

4. Schneide die Avocado in der Mitte durch und entferne den Kern. Zerdrücke die Hälfte mit einer Gabel und füge den Zitronensaft hinzu. Füge diese Mischung zum Teig hinzu und rühre, bis sie gleichmäßig verteilt ist.

5. Heize deinen Ofen auf 180 Grad vor.

6. Gib den Teig in eine gefettete oder mit Backpapier ausgelegte Brotform. Streue die Leinsamen darüber.

7. Backe das Brot 25-30 Minuten im vorgeheizten Ofen, bis es fest und goldbraun ist. Um zu überprüfen, ob es durchgebacken ist, stichst du mit einem Holzstäbchen hinein - wenn es sauber herauskommt, ist das Brot fertig.

8. Lass das Brot mindestens 10 Minuten in der Form abkühlen, dann nimm es heraus und lass es auf einem Gitter vollständig auskühlen.

Ernährung bei Diabetes Typ 2

Vorwort

Liebe Leserin, lieber Leser,

als Autorin und leidenschaftliche Köchin, die stets auf der Suche nach neuen, inspirierenden Ideen für die Küche ist, habe ich es mir zur Aufgabe gemacht, die Ernährung bei Diabetes Typ 2 in den Mittelpunkt zu stellen. In diesem Buch findest du daher eine Vielzahl an Rezepten, die alle eines gemeinsam haben: Sie sind liebevoll zusammengestellt, leicht nachzukochen und sie tragen dazu bei, den Blutzuckerspiegel zu regulieren und das Wohlbefinden zu steigern.

Das Bewusstsein für eine gesunde Ernährung hat in den letzten Jahren enorm zugenommen und es wird immer deutlicher, dass es kaum einen besseren Weg gibt, unserem Körper Gutes zu tun, als durch eine bewusste Lebensmittelauswahl. Das Ziel dieses Buches ist es, dich auf deinem persönlichen Weg zu einem gesunden Lebensstil zu begleiten und dir zu zeigen, dass eine Ernährung, die auf Diabetes Typ 2 abgestimmt ist, nicht bedeutet, dass du auf Genuss verzichten musst. Ganz im Gegenteil: Die Rezepte in diesem Buch beweisen, dass eine diabetesfreundliche Ernährung und Genuss Hand in Hand gehen können.

Ich hoffe, dass du durch dieses Kochbuch die Freude am Entdecken und Ausprobieren neuer Rezepte findest. Denn am Ende des Tages geht es nicht nur darum, was wir essen, sondern auch darum, wie wir es zubereiten und genießen. Es ist die Leidenschaft, die Hingabe und die Liebe, die wir in die Zubereitung unserer Mahlzeiten stecken, die sie zu etwas Besonderem machen.

Nun wünsche ich dir viel Spaß beim Ausprobieren der Rezepte und beim Entdecken neuer Lieblingsgerichte. Möge dieses Buch dich auf deinem Weg zu einem gesunden und genussvollen Lebensstil begleiten.

Deine Carina Lehmann

Frühstück

Haferflocken mit Beeren und Nüssen

Zubereitungszeit: 15 Minuten
Portionen: 1 Person

Zutaten:

- 50 g Haferflocken
- 200 ml Mandelmilch, ungesüßt
- 50 g gemischte Beeren (z.B. Heidelbeeren, Himbeeren, Brombeeren)
- 1 TL Walnussöl
- 10 g Mandeln, grob gehackt
- 10 g Walnüsse, grob gehackt
- 1 TL Chiasamen
- 1 EL Naturjoghurt (bis 3,5 % Fett)
- 1 Apfel, gewürfelt

Zubereitung:

1. In einem kleinen Topf die Mandelmilch erhitzen, aber nicht zum Kochen bringen.

2. Haferflocken zur warmen Mandelmilch geben und unter ständigem Rühren 5-7 Minuten kochen lassen, bis sie weich sind und die Flüssigkeit aufgenommen haben.

3. In der Zwischenzeit die Beeren waschen und gut abtropfen lassen. Den Apfel in kleine Würfel schneiden.

4. Die gehackten Mandeln und Walnüsse in einer Pfanne ohne Fett leicht anrösten, bis sie duften. Dabei ständig umrühren, um ein Anbrennen zu verhindern.

5. Den Haferbrei vom Herd nehmen und das Walnussöl unterrühren.

6. Den Haferbrei in eine Schüssel geben und mit Beeren, Apfelwürfeln, gerösteten Nüssen und Chiasamen belegen.

7. Zum Schluss einen EL Naturjoghurt obendrauf setzen.

Roggen-Vollkornbrot mit Putenbrustaufschnitt

Zubereitungszeit: 15 Minuten
Portionen: 1 Person

Zutaten:

- 2 Scheiben Roggen-Voll-kornbrot
- 3 Scheiben Putenbrustauf-schnitt
- 1 kleiner Apfel, gewaschen und in dünne Scheiben ge-schnitten
- 1 Handvoll gemischter Salat (z.B. Rucola, Kopfsalat)
- 2 EL Quark (bis 20 % Fett)
- 1 TL Rapsöl
- Eine Prise Pfeffer und Salz
- Einige Mandelsplitter
- 1 TL gehackte Walnüsse

Zubereitung:

1. Das Roggen-Vollkornbrot leicht rösten, damit es etwas knuspriger wird.

2. In der Zwischenzeit den Quark in einer kleinen Schüssel mit Rapsöl, Pfeffer und Salz glatt rühren.

3. Die gerösteten Brotscheiben mit der Quarkmischung bestreichen.

4. Die Apfelscheiben gleichmäßig auf einer der Brotscheiben verteilen.

5. Den gemischten Salat darüber streuen.

6. Die Putenbrustaufschnittscheiben darauf legen.

7. Zum Schluss mit Mandelsplittern und gehackten Walnüssen be-streuen.

8. Die zweite Brotscheibe darauflegen und leicht andrücken.

Spinat-Omelett mit Feta

Zubereitungszeit: 15 Minuten
Portionen: 1 Person

Zutaten:

- 2 Bio-Eier
- 100 g frischer Spinat, gewaschen und grob gehackt
- 50 g Feta, zerkrümelt
- 1 kleine Tomate, gewürfelt
- 2 EL natives Olivenöl extra
- 2 EL Mandelmilch, ungesüßt
- 1 EL gehackte Walnüsse
- Salz und Pfeffer nach Geschmack
- 1 TL Butter (zum Braten)

Zubereitung:

1. Schlage die Eier in einer Schüssel auf und verquirl sie gut mit der Mandelmilch. Würze mit Salz und Pfeffer.

2. In einer Pfanne das Olivenöl auf mittlerer Hitze erhitzen und den Spinat hinzufügen. Dünste den Spinat kurz an, bis er leicht welk wird.

3. Füge die gewürfelte Tomate zum Spinat in die Pfanne hinzu und lass sie für 1-2 Minuten mitdünsten.

4. Reduziere die Hitze auf ein Minimum und gebe die Eier-Milch-Mischung über das Gemüse in die Pfanne. Verteile den zerkrümelten Feta gleichmäßig darüber.

5. Lass das Omelett langsam stocken, ohne es zu rühren. Das dauert etwa 5-7 Minuten.

6. Wenn das Omelett fast fest ist, aber oben noch leicht flüssig, klapp es vorsichtig mit einem Pfannenwender in der Mitte zusammen.

7. Brate das Omelett für weitere 2 Minuten, bis es vollständig durchgegart ist.

8. Zum Schluss legst du das Omelett auf einen Teller und bestreust es mit den gehackten Walnüssen.

Vollkornmüsli

Zubereitungszeit: 10 Minuten
Portionen: 1 Person

Zutaten:

- 50 g Haferflocken
- 150 g Naturjoghurt (bis 3,5 % Fett)
- 8 frische Erdbeeren, gewaschen und halbiert
- 10 g Walnüsse, grob gehackt
- 10 g Mandeln, grob gehackt
- 1 Kiwi, geschält und gewürfelt
- 1 EL Kürbiskerne
- 1 EL Sonnenblumenkerne
- 1 TL Rapsöl
- Ein kleiner Spritzer Bio-Zitronensaft

Zubereitung:

1. Nimm eine Schüssel und füge die Haferflocken hinzu.
2. Gib den Naturjoghurt darüber und vermische alles gut miteinander.
3. Lege die Erdbeerhälften und die gewürfelte Kiwi darüber.
4. In eine kleine Pfanne gibst du das Rapsöl und röstest die Walnüsse, Mandeln, Kürbiskerne und Sonnenblumenkerne leicht an, bis sie goldbraun sind. Achte darauf, dass sie nicht verbrennen.
5. Streue die gerösteten Nüsse und Kerne über das Müsli.
6. Optional kannst du noch einen Spritzer Zitrone darüber geben. Guten Appetit!

Quinoa-Pfanne mit Gemüse

Zubereitungszeit: 25 Minuten
Portionen: 1 Person

Zutaten:

- 60 g Quinoa, gründlich gewaschen
- 100 ml Wasser
- 50 g Brokkoli, in kleine Röschen zerteilt
- 50 g Paprika, gewürfelt
- 50 g Zucchini, in Scheiben geschnitten
- 2 EL Kirschtomaten, halbiert
- 1 EL Mandeln, grob gehackt
- 50 g Hühnerbrust, in kleine Stücke geschnitten
- Salz und Pfeffer nach Geschmack
- 1 TL Kokosöl zum Braten
- 2 EL Frischkäse (bis 20 % Fett)

Zubereitung:

1. Bring das Wasser in einem Topf zum Kochen. Gib das Quinoa dazu, reduziere die Hitze und lass es etwa 15 Minuten köcheln, bis das Quinoa weich ist und das Wasser absorbiert wurde. Dann vom Herd nehmen und beiseite stellen.

2. Während das Quinoa kocht, erhitzt du in einer Pfanne das Kokosöl. Füge die Hühnerbruststücke hinzu und brate sie von allen Seiten goldbraun an.

3. Gib den Brokkoli, die Paprika und die Zucchini in die Pfanne und dünste alles für 5-7 Minuten, bis das Gemüse weich, aber noch bissfest ist.

4. Mische jetzt das Quinoa und die halbierten Kirschtomaten unter das Gemüse in der Pfanne. Lass alles nochmals 2-3 Minuten köcheln.

5. Zum Schluss rührst du den Frischkäse unter und schmeckst das Gericht mit Salz und Pfeffer ab. Dann streue die gehackten Mandeln darüber.

Käse-Omelette mit Tomaten

Zubereitungszeit: 15 Minuten
Portionen: 1 Person

Zutaten:

- 2 Bio-Eier
- 1 mittelgroße Tomate, gewürfelt
- 30 g Käse (bis 45 % Fett i. Tr.), gerieben
- 1 EL gehackte frische Kräuter (z.B. Petersilie oder Basilikum)

- 2 EL natives Olivenöl extra
- 1 EL Wasser
- Eine Prise Salz und Pfeffer
- 1 EL Mandeln, grob gehackt
- 2 EL Rucola oder Spinat, gewaschen und grob gehackt

Zubereitung:

1. Schlage die Eier in eine Schüssel, füge das Wasser hinzu und würze mit Salz und Pfeffer. Verquirle die Eiermischung gut, bis sie leicht schaumig ist.

2. Erhitze das Olivenöl in einer mittelgroßen Pfanne bei mittlerer Hitze. Gib die gewürfelte Tomate in die Pfanne und brate sie für 2-3 Minuten, bis sie weich, aber nicht matschig ist.

3. Streue die gehackten Mandeln und Kräuter über die Tomaten in der Pfanne und verteile sie gleichmäßig.

4. Gieße die Eiermischung über die Tomaten, Mandeln und Kräuter in der Pfanne. Lass das Ei etwa 2 Minuten stocken, ohne es umzurühren.

5. Sobald die Eiermasse an den Rändern fest ist, aber in der Mitte noch leicht flüssig, streue den geriebenen Käse darüber.

6. Falte das Omelette mit einem Spatel in der Mitte zusammen und lasse es noch 1 Minute in der Pfanne, bis der Käse schmilzt.

7. Lege das Omelette vorsichtig auf einen Teller und garniere es mit Rucola oder Spinat.

Apfel-Zimt-Porridge mit Mandeln

Zubereitungszeit: 15 Minuten
Portionen: 1 Person

Zutaten:

- 40 g Haferflocken
- 1 Apfel, gewürfelt
- 1 EL Mandeln, grob gehackt
- 200 ml Mandelmilch, ungesüßt
- 1 TL Zimt
- 1 TL Kokosöl
- 1 EL Walnüsse, grob gehackt
- 1 EL Sonnenblumenkerne
- Ein Schuss Bio-Milch (bis 3,5 % Fett) oder Kokosmilch, ungesüßt, je nach Vorliebe

Zubereitung:

1. In einem Topf das Kokosöl erhitzen. Die gewürfelten Äpfel hinzufügen und leicht anbraten, bis sie zart und goldbraun sind.

2. Haferflocken zum Topf hinzufügen und kurz mit den Äpfeln rösten, bis sie duften.

3. Mit der Mandelmilch ablöschen. Alles gut umrühren, damit sich die Haferflocken in der Flüssigkeit verteilen.

4. Bei mittlerer Hitze den Porridge köcheln lassen. Dabei regelmäßig umrühren, um ein Anbrennen zu verhindern.

5. Während der Porridge köchelt, Mandeln, Walnüsse und Sonnenblumenkerne in einer Pfanne ohne Öl rösten, bis sie goldbraun und duftend sind. Achtung, sie können schnell verbrennen!

6. Wenn der Porridge die gewünschte Konsistenz erreicht hat, von der Hitze nehmen und den Zimt einrühren.

7. Den Porridge in eine Schüssel füllen, mit den gerösteten Nüssen und Kernen bestreuen und nach Wunsch mit einem Schuss Milch oder Kokosmilch verfeinern.

Vollkorn-Pancakes mit Kiwi-Scheiben

Zubereitungszeit: 20 Minuten
Portionen: 1 Person

Zutaten:

- 100 g Vollkornmehl (vorzugsweise Dinkel oder Hafer)
- 1 TL Backpulver
- 1 Bio-Ei
- 150 ml Bio-Milch (bis 3,5 % Fett) oder Mandelmilch, ungesüßt
- 1 EL natives Olivenöl extra oder Kokosöl zum Braten
- 1 Kiwi, geschält und in Scheiben geschnitten
- Eine Prise Salz
- Einige Walnüsse, grob gehackt
- Ein Löffel Naturjoghurt (bis 3,5 % Fett) zum Garnieren

Zubereitung:

1. Vermische das Vollkornmehl, Backpulver und Salz in einer Schüssel.

2. Schlage das Ei in einer separaten Schüssel auf und gib die Milch hinzu. Verrühre alles gut miteinander.

3. Füge nun die flüssige Ei-Milch-Mischung zu den trockenen Zutaten und rühre alles zu einem glatten Teig.

4. Erhitze das Öl in einer Pfanne bei mittlerer Hitze. Sobald das Öl heiß ist, gieße einen Schöpflöffel des Pancake-Teigs in die Pfanne.

5. Brate den Pancake von beiden Seiten goldbraun an. Wiederhole den Vorgang mit dem restlichen Teig.

6. Serviere die Pancakes mit Kiwi-Scheiben, garniere mit ein paar Walnussstücken und einem Löffel Naturjoghurt. Guten Appetit!

Naturjoghurt mit Himbeeren und Sonnenblumenkernen

Zubereitungszeit: 10 Minuten
Portionen: 1 Person

Zutaten:

- 150 g Naturjoghurt (bis 3,5 % Fett)
- 50 g Himbeeren, frisch und gewaschen
- 1 EL Sonnenblumenkerne, ungeröstet
- 1 TL Chia-Samen
- 2 EL Haferflocken
- 1/2 Apfel, gewaschen und gewürfelt
- 1 TL Mandeln, grob gehackt
- Ein Spritzer Bio-Zitronensaft
- 1 TL Kokosöl

Zubereitung:

1. Beginne mit dem Naturjoghurt und gebe diesen in eine Schüssel.
2. Füge die Himbeeren hinzu und vermische das Ganze leicht miteinander.
3. Streue die Haferflocken und Chia-Samen über die Joghurt-Himbeeren-Mischung.
4. In einer kleinen Pfanne das Kokosöl leicht erwärmen. Füge die Sonnenblumenkerne und Mandeln hinzu und röste sie vorsichtig an, bis sie leicht goldbraun sind.
5. Den gewürfelten Apfel mit dem Spritzer Zitronensaft beträufeln. Dies verhindert, dass der Apfel braun wird und verleiht dem Frühstück eine erfrischende Note.
6. Die gerösteten Sonnenblumenkerne und Mandeln über den Joghurt streuen.
7. Zum Abschluss den gewürfelten Apfel auf der Oberseite verteilen.

Frühstücks-Wraps mit Lachsschinken

Zubereitungszeit: 15 Minuten
Portionen: 1 Person

Zutaten:

- 2 Vollkorn-Wraps
- 4 Scheiben Lachsschinken, dünn geschnitten
- 1 EL natives Olivenöl extra
- 50 g Spinat, frisch gewaschen und grob gehackt
- 4 Erdbeeren, gewaschen und in Scheiben geschnitten
- 30 g Feta, zerbröckelt
- 2 EL Naturjoghurt (bis 3,5 % Fett)
- Eine Handvoll Walnüsse, grob gehackt
- Eine Prise Salz und Pfeffer

Zubereitung:

1. Den Spinat in einer Pfanne mit einem EL Olivenöl bei mittlerer Hitze leicht andünsten, bis er zusammenfällt. Vom Herd nehmen und beiseite stellen.

2. Den Naturjoghurt in eine kleine Schüssel geben und mit Salz und Pfeffer abschmecken. Gut umrühren.

3. Nun geht's ans Zusammenstellen deiner Wraps! Lege einen Wrap vor dich und verteile zuerst den Joghurt darauf. Dann legst du 2 Scheiben Lachsschinken in die Mitte.

4. Füge den gedünsteten Spinat hinzu und verteile die Erdbeerscheiben gleichmäßig darauf.

5. Zum Schluss den Feta und die gehackten Walnüsse darüber streuen. Den Wrap vorsichtig rollen.

6. Wiederhole den Vorgang mit dem zweiten Wrap.

7. Du kannst die Wraps direkt essen oder sie in einer Pfanne von beiden Seiten kurz anbraten, um sie knuspriger zu machen.

Roggen-Pfannkuchen mit Blaubeersoße

Zubereitungszeit: 20 Minuten
Portionen: 1 Person

Zutaten:

- 60 g Roggen-Vollkornmehl
- 1 Bio-Ei
- 120 ml Bio-Milch (bis 3,5 % Fett)
- Eine Prise Salz
- 1 EL Kokosöl zum Braten
- 100 g Heidelbeeren, gewaschen
- 50 ml Wasser
- 2 TL Mandeln, gehackt
- 1 EL saure Sahne (10 % Fett)

Zubereitung:

1. In einer Schüssel das Roggen-Vollkornmehl, das Ei, die Milch und das Salz zu einem glatten Teig verrühren. Lass den Teig etwa 5 Minuten ruhen.

2. In der Zwischenzeit die Heidelbeeren mit dem Wasser in einen kleinen Topf geben und auf mittlerer Hitze köcheln lassen. Dabei gelegentlich umrühren, bis aus den Beeren eine sämige Soße entsteht.

3. In einer Pfanne das Kokosöl erhitzen. Etwa die Hälfte des Teigs hineingeben und einen Pfannkuchen von beiden Seiten goldbraun braten. Mit dem restlichen Teig ebenso verfahren.

4. Die frisch gebackenen Pfannkuchen auf einen Teller legen und die warme Blaubeersoße darüber gießen. Die gehackten Mandeln darüber streuen und einen Löffel saure Sahne auf die Pfannkuchen setzen.

Papaya-Müsli mit Walnüssen

Zubereitungszeit: 10 Minuten
Portionen: 1 Person

Zutaten:

- 1/2 reife Papaya, entkernt und gewürfelt
- 50 g Haferflocken
- 30 g Walnüsse, grob gehackt
- 2 EL Bio-Zitrone, Saft und Abrieb
- 100 ml Mandelmilch, ungesüßt
- 1 EL Kokosöl
- 1 Handvoll frische Himbeeren
- 1 TL Chiasamen

Zubereitung:

1. In einer Pfanne das Kokosöl leicht erhitzen. Haferflocken und gehackte Walnüsse hinzufügen und leicht anrösten, bis sie duftend und goldbraun sind.

2. Die gerösteten Haferflocken und Walnüsse in eine Schüssel geben.

3. Die gewürfelte Papaya hinzufügen.

4. Über das Müsli den Zitronensaft und -abrieb verteilen.

5. Mit der Mandelmilch übergießen.

6. Zum Schluss die frischen Himbeeren und Chiasamen über das Müsli streuen.

Gerstengrütze mit Orange

Zubereitungszeit: 20 Minuten
Portionen: 1 Person

Zutaten:

- 50 g Gerstengrütze, gewaschen und abgetropft
- 250 ml Wasser
- 1 Bio-Orange, gewaschen und in kleine Würfel geschnitten
- 10 Mandeln, grob gehackt
- 1 EL Kokosöl
- 1 Prise Salz
- 2 EL ungesüßte Mandelmilch
- 1 EL Kürbiskerne
- Ein paar frische Himbeeren

Zubereitung:

1. In einem kleinen Topf das Wasser zusammen mit der Gerstengrütze und einer Prise Salz zum Kochen bringen. Dann die Hitze reduzieren und die Grütze unter gelegentlichem Rühren ca. 10-12 Minuten köcheln lassen, bis sie weich ist und das Wasser absorbiert hat.

2. Während die Grütze kocht, das Kokosöl in einer Pfanne erhitzen und die gehackten Mandeln darin leicht anrösten, bis sie golden und duftend sind.

3. Die Orange schälen und in kleine Würfel schneiden. Einige Stücke für die Dekoration beiseitelegen.

4. Sobald die Gerstengrütze fertig gekocht hat, von der Hitze nehmen und die Mandelmilch, Orangenwürfel (bis auf die beiseitegelegten) unterrühren.

5. Die Grütze in eine Schüssel geben, mit den gerösteten Mandeln, Kürbiskernen, Himbeeren und den restlichen Orangenstücken garnieren.

Haferflocken-Taler

Zubereitungszeit: 20 Minuten
Portionen: 1 Person

Zutaten:

- 70 g Haferflocken
- 2 EL ungesüßte Mandelmilch
- 1 Bio-Ei
- 1 kleiner Apfel, gerieben
- 1 EL Kürbiskerne, grob gehackt
- 1 EL Walnüsse, grob gehackt
- 1 EL Haselnüsse, grob gehackt
- 1 TL Bio-Zitrone, Abrieb
- 1 Prise Salz
- 2 EL Kokosöl zum Braten

Zubereitung:

1. In einer Schüssel die Haferflocken mit der Mandelmilch vermischen und etwa 10 Minuten einweichen lassen, damit die Haferflocken weich werden.

2. Währenddessen den Apfel waschen, entkernen und grob reiben. Die geriebene Apfelmasse zu den eingeweichten Haferflocken geben.

3. Füge das Ei, den Zitronenabrieb und eine Prise Salz hinzu und vermische alles gut miteinander.

4. Nun die grob gehackten Kürbiskerne, Walnüsse und Haselnüsse unter die Haferflocken-Mischung heben.

5. Erhitze das Kokosöl in einer Pfanne bei mittlerer Hitze. Mit einem Löffel kleine Portionen des Teigs in die Pfanne geben und zu Talern formen. Jeden Taler von beiden Seiten goldbraun braten, etwa 3-4 Minuten pro Seite.

6. Die fertigen Taler auf einem Teller anrichten und noch warm genießen.

Suppen & Eintöpfe

Erbsen-Kokos-Eintopf

Zubereitungszeit: 25 Minuten
Portionen: 1 Person

Zutaten:

- 200 g grüne Erbsen, frisch oder tiefgekühlt
- 150 ml Kokosmilch, ungesüßt
- 1 Bio-Zitrone, nur der Saft
- 1 EL natives Olivenöl extra
- 1 kleine Möhre, gewürfelt
- 1 kleine Zwiebel, fein gehackt
- 1 kleine Knoblauchzehe, fein gehackt
- 1 TL Kurkuma, gemahlen
- 1 EL frischer Koriander, gehackt (oder Petersilie, falls gewünscht)
- 50 ml Wasser
- Salz und Pfeffer nach Geschmack

Zubereitung:

1. Du erhitzt das Olivenöl in einem mittelgroßen Topf und gibst die fein gehackte Zwiebel und Knoblauchzehe dazu. Lass diese bei mittlerer Hitze anbraten, bis sie glasig sind.

2. Jetzt fügst du die gewürfelte Möhre hinzu und lässt sie für etwa 3-4 Minuten anbraten, bis sie etwas weicher geworden ist.

3. Gib die Erbsen, Kurkuma und das Wasser hinzu. Lass den Eintopf bei mittlerer Hitze köcheln, bis die Erbsen weich sind.

4. Nun kannst du die Kokosmilch und den Zitronensaft hinzufügen. Lass alles gut durchziehen und schmecke den Eintopf mit Salz und Pfeffer ab.

5. Zum Schluss streust du den frischen Koriander darüber und lässt den Eintopf noch ein paar Minuten auf kleiner Flamme ziehen.

Linsensuppe mit Kassler

Zubereitungszeit: 30 Minuten
Portionen: 1 Person

Zutaten:

- 100 g grüne Linsen, gewaschen
- 150 g Kassler, in kleine Würfel geschnitten
- 1 Möhre, gewürfelt
- 1 Tomate, gewürfelt
- 1 Bio-Zitrone, Abrieb und etwas Saft
- 2 EL natives Olivenöl extra
- 1 EL Kokosöl
- 700 ml Wasser
- 2 EL Haferflocken
- 1 kleine Zwiebel, gewürfelt
- 1 TL Rapsöl
- 2 EL Walnüsse, grob gehackt
- Salz und Pfeffer nach Geschmack
- 1 TL Paprikapulver
- 1 kleine Knoblauchzehe, fein gehackt
- Einige Blätter frischen Spinat zum Garnieren

Zubereitung:

1. Das Olivenöl und Kokosöl in einem Topf erhitzen. Die gewürfelte Zwiebel darin glasig dünsten.

2. Die Möhrenwürfel und Kassler-Stücke hinzugeben und kurz anbraten, bis das Kassler leicht gebräunt ist.

3. Die gewaschenen Linsen und Haferflocken dazugeben und gut umrühren.

4. Mit Wasser ablöschen und auf mittlerer Hitze ca. 20 Minuten köcheln lassen, bis die Linsen weich sind.

5. Während die Suppe köchelt, das Rapsöl in einer kleinen Pfanne erhitzen. Die Walnüsse darin kurz anrösten, bis sie leicht gebräunt und duftend sind. Beiseite stellen.

6. Knoblauch, Tomatenwürfel und den Abrieb der Zitrone zur Suppe geben. Mit Salz, Pfeffer und Paprikapulver würzen.

7. Nochmals 5 Minuten köcheln lassen und dann den Herd ausschalten.

8. Vor dem Servieren einen Spritzer Zitronensaft zur Suppe geben und gut umrühren. Die Linsensuppe in eine Schale geben, mit den gerösteten Walnüssen und frischen Spinatblättern garnieren.

Paprika-Tomaten-Suppe

Zubereitungszeit: 30 Minuten
Portionen: 1 Person

Zutaten:

- 1 mittelgroße rote Paprika, gewaschen und in grobe Stücke geschnitten
- 2 reife Tomaten, gewaschen und geviertelt
- 1/2 kleine Zwiebel, gewürfelt
- 1 EL natives Olivenöl extra
- 1 Knoblauchzehe, fein gehackt
- 200 ml ungesüßte Mandelmilch
- 1/2 TL Salz
- 1/4 TL frisch gemahlener schwarzer Pfeffer
- 1/2 TL getrockneter Oregano
- 1 EL frisches Basilikum, fein geschnitten
- 50 ml Wasser
- 1 EL Sonnenblumenkerne, für die Garnierung

Zubereitung:

1. Du erhitzt das Olivenöl in einem mittelgroßen Topf über mittlerer Hitze. Gib die gewürfelte Zwiebel dazu und dünste sie, bis sie glasig wird.

2. Füge den fein gehackten Knoblauch hinzu und lasse ihn etwa 1 Minute mitdünsten, bis er sein Aroma entfaltet.

3. Nun kommen die Paprikastücke und Tomaten hinzu. Lass alles weitere 5-7 Minuten köcheln, bis die Paprika und Tomaten weich werden.

4. Würze mit Salz, Pfeffer und Oregano. Rühre gut um und lass es für weitere 2 Minuten köcheln.

5. Reduziere die Hitze und gieße die Mandelmilch sowie das Wasser hinzu. Lass die Suppe für etwa 10 Minuten sanft köcheln.

6. Nimm den Topf vom Herd und püriere die Suppe mit einem Stabmixer, bis sie cremig ist.

7. Schmecke die Suppe ab und füge bei Bedarf noch etwas Salz oder Pfeffer hinzu. Erhitze sie nochmals kurz, falls nötig.

8. Zum Schluss streust du das frische Basilikum darüber und garnierst mit einigen Sonnenblumenkernen.

Zucchini-Spargel-Cremesuppe

Zubereitungszeit: 30 Minuten
Portionen: 1 Person

Zutaten:

- 1 kleine Zucchini, gewaschen und in Scheiben geschnitten
- 5 grüne Spargelstangen, Enden entfernt und in Stücke geschnitten
- 2 EL natives Olivenöl extra
- 1 kleine Zwiebel, gewürfelt
- 1 Bio-Zitrone, Abrieb und etwas Saft
- 200 ml Mandelmilch, ungesüßt
- 200 ml Wasser
- 1 TL Kokosöl
- Salz und Pfeffer nach Geschmack
- 2 EL Mandeln, gehobelt
- 1 EL Kürbiskerne
- 2 EL Kochsahne (15% Fett)
- Einige frische Petersilienblätter zum Garnieren

Zubereitung:

1. Erhitze in einem mittelgroßen Topf das Olivenöl und das Kokosöl bei mittlerer Hitze.
2. Füge die gewürfelte Zwiebel hinzu und dünste sie glasig an.
3. Gib die Zucchini- und Spargelstücke hinzu und brate sie einige Minuten mit an, bis sie leicht gebräunt sind.
4. Gieße Wasser und Mandelmilch hinzu und lasse das Ganze 20 Minuten auf kleiner Flamme köcheln.
5. In der Zwischenzeit röste die Mandeln und Kürbiskerne in einer kleinen Pfanne ohne Fett, bis sie duften und leicht gebräunt sind.
6. Püriere die Suppe mit einem Stabmixer, bis sie eine glatte Konsistenz hat. Füge Zitronenabrieb und -saft hinzu und verrühre alles gut.
7. Schmecke die Suppe mit Salz und Pfeffer ab und füge zum Schluss die Kochsahne hinzu. Rühre gut durch, bis alles gut vermengt ist.
8. Serviere die Suppe in einer Schale und garniere sie mit den gerösteten Mandeln, Kürbiskernen und einigen frischen Petersilienblättern.

Hühnersuppe mit Gemüse

Zubereitungszeit: 30 Minuten
Portionen: 1 Person

Zutaten:

- 150 g Hühnerbrust, in Würfel geschnitten
- 1 kleine Bio-Zitrone, Saft und Schale
- 50 g Vollkornnudeln
- 100 g Brokkoli, in kleine Röschen geteilt
- 1 Möhre, in dünne Scheiben geschnitten
- 50 g Zucchini, gewürfelt
- 2 TL natives Olivenöl extra
- 400 ml Wasser
- 1 EL Sonnenblumenkerne, zum Garnieren
- 2 EL Petersilie, fein gehackt
- Salz und Pfeffer nach Geschmack

Zubereitung:

1. In einem mittelgroßen Topf das Olivenöl erhitzen und die gewürfelte Hühnerbrust darin anbraten, bis sie goldbraun ist.

2. Möhren- und Zucchinistücke hinzufügen und etwa 2-3 Minuten mitbraten, bis sie leicht angebräunt sind.

3. Wasser in den Topf geben und zum Kochen bringen. Die Vollkornnudeln hinzufügen und nach Packungsanweisung kochen.

4. Nach etwa der Hälfte der Nudelkochzeit den Brokkoli hinzufügen.

5. Wenn die Nudeln fast gar sind, die Zitrone pressen und den Saft zusammen mit der abgeriebenen Schale zur Suppe geben. Gut umrühren und mit Salz und Pfeffer abschmecken.

6. Die Suppe in eine Schüssel geben, mit Sonnenblumenkernen und Petersilie garnieren und servieren.

Bohnen-Tomaten-Eintopf

Zubereitungszeit: 30 Minuten
Portionen: 1 Person

Zutaten:

- 100 g grüne Bohnen, frisch und in kleine Stücke geschnitten
- 1 mittelgroße Tomate, gewürfelt
- 1 Bio-Zitrone, Abrieb und Saft
- 1 EL natives Olivenöl extra
- 1 kleine Zwiebel, fein gehackt
- 1 Knoblauchzehe, fein gehackt (falls gewünscht)
- 200 ml Wasser
- 2 EL Haferflocken
- 1 EL Sonnenblumenkerne
- 50 g Hühnerfleisch, gewürfelt
- 1 TL Rapsöl zum Anbraten
- Eine Prise Salz und Pfeffer
- Einige Blätter frischer Spinat
- 1 EL gehackte Mandeln

Zubereitung:

1. In einem Topf das Rapsöl erhitzen und die Zwiebeln darin glasig dünsten. Falls gewünscht, den Knoblauch hinzufügen und kurz mit anbraten.

2. Das gewürfelte Hühnerfleisch hinzufügen und rundherum anbraten, bis es leicht gebräunt ist.

3. Die grünen Bohnen und Tomatenwürfel in den Topf geben und kurz mitdünsten.

4. Mit Wasser aufgießen, Haferflocken und Sonnenblumenkerne hinzufügen. Alles zum Kochen bringen und etwa 15 Minuten auf mittlerer Hitze köcheln lassen.

5. Währenddessen in einer kleinen Pfanne das Olivenöl erhitzen und die gehackten Mandeln darin leicht anrösten, bis sie goldbraun sind.

6. Den Eintopf mit Salz, Pfeffer, Zitronenabrieb und Zitronensaft abschmecken.

7. Kurz vor dem Servieren den frischen Spinat unterheben, so dass er gerade welk ist. Den Eintopf in eine Schüssel geben und mit den gerösteten Mandeln bestreuen.

Kürbissuppe mit Garnelen

Zubereitungszeit: 25 Minuten
Portionen: 1 Person

Zutaten:

- 250 g Hokkaido-Kürbis, gewürfelt
- 5 große Garnelen, geschält und entdarmt
- 2 TL natives Olivenöl extra
- 1 kleine Zwiebel, gewürfelt
- 1 kleine Bio-Zitrone, Abrieb und Saft
- 200 ml Kokosmilch, ungesüßt
- 200 ml Wasser
- 1 TL Kürbiskerne, grob gehackt
- 2 TL frischer Spinat, gewaschen und grob gehackt
- 1 EL saure Sahne (10 % Fett)
- Salz und Pfeffer nach Geschmack

Zubereitung:

1. Erhitze in einem Topf 1 TL Olivenöl und dünste die Zwiebeln darin an, bis sie glasig sind.

2. Füge den gewürfelten Kürbis hinzu und brate ihn kurz mit an. Gieße dann das Wasser dazu und lasse den Kürbis 10-15 Minuten köcheln, bis er weich ist.

3. In der Zwischenzeit erhitzt du in einer Pfanne den restlichen TL Olivenöl und brätst die Garnelen darin von beiden Seiten an, bis sie rosa und gar sind. Mit Salz, Pfeffer und einem Spritzer Zitronensaft würzen und beiseite stellen.

4. Wenn der Kürbis weich ist, füge die Kokosmilch, den Zitronenabrieb und -saft hinzu. Püriere die Suppe mit einem Stabmixer, bis sie eine cremige Konsistenz hat. Mit Salz und Pfeffer abschmecken.

5. Gib die Kürbissuppe in eine Schüssel, garniere sie mit den gebratenen Garnelen, Kürbiskernen und Spinat. Zum Schluss einen Klecks saure Sahne in die Mitte setzen.

Rinderbrühe mit Dinkelklößchen

Zubereitungszeit: 40 Minuten
Portionen: 1 Person

Zutaten:

- 300 g Rinderfilet, in Würfel geschnitten
- 1 Liter Wasser
- 1/2 Bio-Zitrone, in Scheiben geschnitten
- 1 EL natives Olivenöl extra
- 1 Karotte, gewürfelt
- 1/2 Zucchini, gewürfelt
- 2 EL Dinkelvollkornmehl
- 50 ml ungesüßte Mandelmilch
- 1 Bio-Ei
- 1 Prise Salz
- 1/2 TL frisch gemahlener Pfeffer
- 2 EL frische Petersilie, gehackt
- 1 EL Walnüsse, gehackt (zum Garnieren)

Zubereitung:

1. Gib das Wasser in einen Topf und füge das gewürfelte Rinderfilet hinzu. Lass es auf mittlerer Hitze etwa 20 Minuten köcheln.

2. Während das Fleisch köchelt, mischst du in einer Schüssel Dinkelvollkornmehl, Mandelmilch, Ei, Salz und Pfeffer. Knete die Mischung gut durch, bis ein geschmeidiger Teig entsteht. Teile den Teig in kleine Portionen und forme daraus Klößchen.

3. Gib die Zitronenscheiben, Karotten- und Zucchiniwürfel in die köchelnde Brühe. Lass alles weitere 10 Minuten garen.

4. Erhitze das Olivenöl in einer Pfanne und brate die Dinkelklößchen von allen Seiten goldbraun an.

5. Füge die gebratenen Dinkelklößchen zur Brühe hinzu und lass sie 5 Minuten darin ziehen.

6. Zum Schluss mit gehackter Petersilie und Walnüssen garnieren.

Blumenkohl-Curry-Eintopf

Zubereitungszeit: 30 Minuten
Portionen: 1 Person

Zutaten:

- 150 g Blumenkohl, in Röschen zerteilt
- 1 kleiner Apfel, gewürfelt
- 50 g grüne Bohnen, in Stücke geschnitten
- 40 g Linsen, gewaschen
- 250 ml Kokosmilch, ungesüßt
- 200 ml Wasser
- 1 EL natives Olivenöl extra
- 1 TL Currypulver
- 1/2 TL Kurkuma
- 1/4 TL schwarzer Pfeffer
- 1 EL gehackte Walnüsse
- Salz nach Geschmack
- Frische Petersilie, gehackt

Zubereitung:

1. Erhitze das Olivenöl in einem Topf über mittlerer Hitze. Gib den Blumenkohl, den Apfel und die Bohnen hinzu und dünste alles für ca. 5 Minuten an, bis es leicht goldbraun ist.

2. Füge die Linsen, Currypulver, Kurkuma und Pfeffer hinzu. Rühre alles gut um, sodass die Gewürze die Zutaten gleichmäßig bedecken.

3. Gieße nun die Kokosmilch und das Wasser in den Topf. Bring alles zum Kochen und lass es dann bei niedriger Hitze 20 Minuten köcheln, bis die Linsen und der Blumenkohl weich sind.

4. Würze den Eintopf mit Salz nach Geschmack.

5. Zum Schluss bestreue deinen Eintopf mit gehackten Walnüssen und frischer Petersilie.

Pilzcremesuppe

Zubereitungszeit: 20 Minuten
Portionen: 1 Person

Zutaten:

- 200 g frische Champignons, geputzt und in Scheiben geschnitten
- 1 Bio-Zitrone, Abrieb und 1 TL Saft
- 1 EL natives Olivenöl extra
- 1 kleine Zwiebel, gewürfelt
- 1 Knoblauchzehe, fein gehackt
- 200 ml ungesüßte Mandelmilch
- 1 EL Kochsahne (15 % Fett)
- 1 TL frischer Thymian, gehackt (zusätzlich etwas zum Garnieren)
- Salz und Pfeffer nach Geschmack

Zubereitung:

1. Erhitze das Olivenöl in einem Topf. Füge die gewürfelte Zwiebel und den gehackten Knoblauch hinzu und dünste sie, bis sie glasig sind.

2. Gib die geschnittenen Champignons hinzu und brate sie für ca. 5 Minuten, bis sie goldbraun sind.

3. Füge den Abrieb und Saft der Zitrone sowie den frischen Thymian hinzu. Rühre alles gut durch.

4. Gieße die Mandelmilch hinzu und bringe die Suppe zum Köcheln. Lasse sie für ca. 10 Minuten leicht köcheln.

5. Püriere die Suppe mit einem Stabmixer, bis sie eine cremige Konsistenz hat.

6. Gib die Kochsahne hinzu und rühre gut durch. Würze die Suppe mit Salz und Pfeffer nach Geschmack.

7. Serviere die Suppe und garniere sie mit etwas frischem Thymian.

Minestrone mit Vollkornnudeln

Zubereitungszeit: 25 Minuten
Portionen: 1 Person

Zutaten:

- 60 g Vollkornnudeln, ungekocht
- 1 EL natives Olivenöl extra
- 1 kleine Möhre, gewürfelt
- 1 kleine Zucchini, gewürfelt
- 1 kleine Tomate, gewürfelt
- 1 Handvoll grüne Bohnen, geschnitten
- 50 g Kohl, grob gehackt
- 30 g Linsen, vorgekocht
- 1 TL Mandeln, grob gehackt
- 750 ml Wasser
- 1 TL frische Kräuter deiner Wahl (z.B. Thymian, Oregano)
- 1 Bio-Zitrone, die Schale abgerieben und ein Spritzer Saft
- Salz und Pfeffer nach Geschmack

Zubereitung:

1. Setze einen Topf mit Wasser auf den Herd und bringe es zum Kochen. Gib die Vollkornnudeln hinzu und koche sie gemäß den Anweisungen auf der Verpackung. Sie sollten am Ende al dente sein.

2. In einer tiefen Pfanne das Olivenöl erhitzen. Die gewürfelte Möhre und Zucchini hinzugeben und für etwa 3 Minuten anbraten, bis sie leicht angebräunt und zart sind.

3. Nun die Tomate, grüne Bohnen und den Kohl zur Pfanne hinzufügen. Alles gut umrühren und für weitere 5 Minuten kochen lassen.

4. Die vorgekochten Linsen in die Pfanne geben und gut vermischen.

5. Das gekochte Gemüse mit den fertigen Vollkornnudeln in einen Topf geben und mit Wasser auffüllen. Alles zum Kochen bringen.

6. Die frischen Kräuter, die abgeriebene Zitronenschale und einen Spritzer Zitronensaft hinzufügen. Mit Salz und Pfeffer abschmecken.

7. Die Suppe für weitere 10 Minuten köcheln lassen.

8. Die Suppe in eine Schüssel geben und mit den grob gehackten Mandeln bestreuen.

Fenchel-Apfel-Suppe

Zubereitungszeit: 20 Minuten
Portionen: 1 Person

Zutaten:

- 1 kleiner Fenchel, gewaschen und in Würfel geschnitten
- 1 Apfel (z.B. ein säuerlicher, wie Granny Smith), gewaschen, entkernt und in Würfel geschnitten
- 1 EL natives Olivenöl extra
- 250 ml Wasser
- 50 ml ungesüßte Mandelmilch
- 1 TL geriebene Bio-Zitrone
- 1 Handvoll Walnüsse, grob gehackt
- Salz und Pfeffer nach Geschmack
- Ein paar frische Fenchelgrün-Zweige zur Dekoration

Zubereitung:

1. In einem Topf das Olivenöl erhitzen. Den gewürfelten Fenchel hinzugeben und für etwa 3-4 Minuten anbraten, bis er leicht gebräunt und weich wird.

2. Die Apfelwürfel dazugeben und weitere 2-3 Minuten mitbraten.

3. Wasser und Mandelmilch hinzufügen. Die Mischung zum Kochen bringen und dann die Hitze reduzieren. Für 10 Minuten köcheln lassen, bis der Fenchel und der Apfel vollständig weich sind.

4. Mit einem Stabmixer die Suppe pürieren, bis sie cremig ist. Wenn sie zu dickflüssig ist, kannst du noch etwas Wasser oder Mandelmilch hinzufügen.

5. Mit Salz, Pfeffer und geriebener Zitrone abschmecken.

6. Die Suppe in eine Schüssel geben, mit gehackten Walnüssen und frischem Fenchelgrün garnieren.

Sauerkrautsuppe mit Forelle

Zubereitungszeit: 35 Minuten
Portionen: 1 Person

Zutaten:

- 200 g frisches Sauerkraut, fein geschnitten
- 1 kleine Forelle, ausgenommen und in Filets geschnitten
- 1 Bio-Zitrone, Schale fein abgerieben und Saft
- 1 TL natives Olivenöl extra
- 1 kleine Zwiebel, fein gewürfelt
- 1 kleiner Apfel, geschält und gewürfelt
- 250 ml Bio-Milch (bis 3,5 % Fett)
- 1 EL Kokosöl
- 1 Handvoll gehackte Walnüsse
- 2 EL saure Sahne (10 % Fett)
- Salz und Pfeffer nach Geschmack
- Ein paar Mandelblättchen zum Garnieren
- Frische Petersilie, gehackt, zum Garnieren

Zubereitung:

1. Erhitze das Olivenöl in einem Topf und dünste die Zwiebel darin glasig an.

2. Füge den gewürfelten Apfel hinzu und brate ihn kurz mit den Zwiebeln an.

3. Gib das Sauerkraut in den Topf und mische es gut. Gieße die Milch hinzu und lass die Suppe etwa 20 Minuten köcheln.

4. Während die Suppe köchelt, erhitze das Kokosöl in einer Pfanne. Würze die Forellenfilets mit Salz, Pfeffer und etwas Zitronenschale. Brate die Forellenfilets auf jeder Seite 2-3 Minuten, bis sie durchgegart sind.

5. Füge die saure Sahne und den Zitronensaft zur Sauerkrautsuppe hinzu und rühre gut um. Schmecke die Suppe mit Salz und Pfeffer ab.

6. Serviere die Suppe in einer Schale. Lege das Forellenfilet obenauf und garniere mit den gehackten Walnüssen, Mandelblättchen und frischer Petersilie.

Möhren-Ingwer-Suppe

Zubereitungszeit: 25 Minuten
Portionen: 1 Person

Zutaten:

- 3 mittelgroße Möhren, geschält und gewürfelt
- 1 kleines Stück frischer Ingwer, geschält und fein gehackt (ca. 2 cm)
- 1 EL natives Olivenöl extra
- 250 ml Bio-Milch (bis 3,5 % Fett)
- 50 ml Kochsahne (15 % Fett)
- 1 TL geriebene Bio-Zitronenschale
- Salz nach Geschmack
- Eine Handvoll Walnüsse, grob gehackt
- Einige frische Kräuter (z.B. Petersilie oder Schnittlauch), fein gehackt

Zubereitung:

1. In einem mittelgroßen Topf das Olivenöl erhitzen. Die gewürfelten Möhren und den gehackten Ingwer hinzufügen und unter gelegentlichem Rühren anbraten, bis die Möhren leicht weich werden.

2. Die Milch und die Kochsahne zum Topf hinzufügen. Auf mittlerer Hitze zum Kochen bringen, dann die Hitze reduzieren und die Suppe ca. 15 Minuten köcheln lassen, bis die Möhren vollständig weich sind.

3. Mit einem Stabmixer die Suppe direkt im Topf pürieren, bis sie ganz glatt ist. Wenn sie zu dick ist, ein wenig Wasser hinzufügen, bis die gewünschte Konsistenz erreicht ist.

4. Die geriebene Zitronenschale unterrühren und mit Salz abschmecken.

5. Die Suppe in eine Schüssel gießen, mit gehackten Walnüssen und frischen Kräutern garnieren und servieren.

Spinatcremesuppe mit Räucherlachs

Zubereitungszeit: 25 Minuten
Portionen: 1 Person

Zutaten:

- 200 g frischer Spinat, gewaschen und grob gehackt
- 1 EL natives Olivenöl extra
- 1 kleine Zwiebel, fein gewürfelt
- 1 Knoblauchzehe, fein gehackt
- 200 ml Mandelmilch, ungesüßt
- 100 ml Kochsahne (15 % Fett)
- 50 g Räucherlachs, in feinen Streifen
- 1 TL geriebene Bio-Zitrone
- Eine Prise Muskatnuss, frisch gerieben
- Salz und Pfeffer zum Abschmecken
- 1 EL gehackte Walnüsse
- 1 EL Kürbiskerne, zum Garnieren
- Frischer Dill, zum Garnieren

Zubereitung:

1. In einem mittelgroßen Topf das Olivenöl erhitzen und die Zwiebel darin glasig dünsten. Den Knoblauch hinzufügen und kurz mitdünsten, ohne dass er Farbe annimmt.

2. Den Spinat hinzugeben und unter gelegentlichem Rühren zusammenfallen lassen.

3. Mandelmilch und Kochsahne zum Spinat geben und alles zum Kochen bringen.

4. Die Suppe mit einem Stabmixer pürieren, bis sie cremig ist.

5. Mit Muskatnuss, Salz und Pfeffer abschmecken und die geriebene Zitronenschale hinzufügen.

6. Die Suppe in eine Schüssel geben, den Räucherlachs darüberstreuen und mit Walnüssen, Kürbiskernen und Dill garnieren.

Salate

Rucola-Salat mit Thunfisch und Oliven

Zubereitungszeit: 15 Minuten
Portionen: 1 Person

Zutaten:

- 50 g frischer Rucola, gewaschen und getrocknet
- 100 g Thunfisch (aus der Dose, im eigenen Saft), abgetropft
- 5 grüne Oliven, entkernt und in Scheiben geschnitten
- 5 Kirschtomaten, halbiert
- 1 EL Walnüsse, grob gehackt
- 2 EL Mandeln, grob gehackt
- 1 EL natives Olivenöl extra
- Saft von 1/2 Bio-Zitrone
- Salz und Pfeffer nach Geschmack
- 1 EL gehackter Fenchel oder frische Petersilie, zum Garnieren
- 1 TL Kürbiskerne, zum Garnieren

Zubereitung:

1. Du nimmst eine große Schüssel und gibst den Rucola hinein.
2. Nun fügst du den Thunfisch, die Oliven- und Tomatenscheiben sowie die Walnüsse und Mandeln hinzu.
3. In einer kleinen Schüssel mischst du das Olivenöl und den Zitronensaft miteinander, um ein einfaches Dressing herzustellen. Würze es mit Salz und Pfeffer.
4. Gieße das Dressing über den Salat und vermische alles vorsichtig, sodass alle Zutaten gut miteinander vermischt sind.
5. Zum Schluss streust du den gehackten Fenchel oder die Petersilie und die Kürbiskerne über den Salat. Fertig.

Bunter Linsensalat

Zubereitungszeit: 30 Minuten
Portionen: 1 Person

Zutaten:

- 50 g grüne Linsen, gewaschen
- 1/2 kleiner Apfel, gewürfelt
- 5 Walnüsse, grob gehackt
- 1 Bio-Zitrone, Saft und Abrieb
- 1 EL natives Olivenöl extra
- 2 EL Paprika, gewürfelt
- 2 EL Gurke, gewürfelt
- 2 EL Cherrytomaten, geviertelt
- 1 EL Zwiebel, fein gehackt
- 2 EL Feta-Käse, gewürfelt
- Eine Handvoll gemischter Salatblätter, gewaschen und grob zerrissen
- Eine Prise Salz und Pfeffer
- 1 TL Dill, fein gehackt
- 1 TL Petersilie, fein gehackt

Zubereitung:

1. Koch die grünen Linsen in leicht gesalzenem Wasser für etwa 20 Minuten oder bis sie bissfest sind. Danach abgießen und abtropfen lassen.

2. Während die Linsen kochen, mischst du Apfelwürfel, Paprika, Gurke, Tomaten, Zwiebel und Walnüsse in einer Schüssel.

3. In einer kleinen Schale vermengst du Olivenöl, Zitronensaft, Zitronenabrieb, Salz und Pfeffer. Dies wird das Dressing für deinen Salat.

4. Sobald die Linsen abgetropft sind, füge sie der Gemüsemischung hinzu.

5. Gib das Dressing über den Salat und rühr alles gut durch.

6. Zum Schluss fügst du die gemischten Salatblätter, Dill, Petersilie und den gewürfelten Feta-Käse hinzu. Alles noch einmal vorsichtig vermengen und dann servieren.

Spinat-Feta-Salat mit Himbeerdressing

Zubereitungszeit: 15 Minuten
Portionen: 1 Person

Zutaten:

- 100 g frischer Spinat, gewaschen und grob gehackt
- 50 g Feta, zerbröselt
- 100 g Himbeeren, gewaschen und halbiert
- 1 EL Mandeln, grob gehackt
- 1 Bio-Zitrone, Schale abgerieben und Saft ausgepresst
- 3 EL natives Olivenöl extra
- Salz und Pfeffer, nach Geschmack

Zubereitung:

1. Nimm eine große Schüssel und gebe den Spinat, die zerbröselten Feta und die Hälfte der Himbeeren hinein.

2. In einem kleinen Mixer oder mit einem Stabmixer vermische die andere Hälfte der Himbeeren mit dem Zitronensaft, dem Olivenöl, Salz und Pfeffer, bis ein glattes Dressing entsteht.

3. Gib das Himbeerdressing über den Salat in der Schüssel und vermische alles gut miteinander.

4. Streue die gehackten Mandeln darüber und garniere mit der abgeriebenen Zitronenschale.

Radieschen-Gurken-Salat

Zubereitungszeit: 15 Minuten
Portionen: 1 Person

Zutaten:

- 5 Radieschen, gewaschen und in dünne Scheiben geschnitten
- 1/4 Gurke, gewaschen und gewürfelt
- 1/2 Apfel, gewaschen und gewürfelt
- 2 EL gehackte Walnüsse
- 1 EL gehackte Petersilie
- 1 EL natives Olivenöl extra
- Saft einer halben Bio-Zitrone
- Salz und Pfeffer zum Abschmecken

Zubereitung:

1. Beginne damit, die Radieschen, die Gurke und den Apfel vorzubereiten. Schneide die Radieschen in dünne Scheiben, würfle die Gurke und den Apfel in gleichmäßige Stücke.

2. Gib die geschnittenen Radieschen, die Gurkenwürfel und die Apfelwürfel in eine Schüssel.

3. Streue die gehackten Walnüsse und die Petersilie über das Gemüse.

4. Mische in einer kleinen Schüssel das Olivenöl mit dem Zitronensaft, Salz und Pfeffer. Verquirle die Mischung, bis sie gut vermischt ist.

5. Gieße das Dressing über den Salat und vermische alles sorgfältig miteinander. Guten Appetit!

Hähnchensalat

Zubereitungszeit: 20 Minuten
Portionen: 1 Person

Zutaten:

- 150 g Hühnerbrustfilet, in Streifen geschnitten
- 1 mittelgroße rote Paprika, gewürfelt
- 2 Artischockenherzen (aus der Dose), halbiert
- 1 EL natives Olivenöl extra
- 2 EL Bio-Zitronensaft, frisch gepresst
- 1 EL Rapsöl
- Eine Handvoll gemischter Salat (z. B. Kopfsalat, Rucola, Spinat)
- 1 EL Walnüsse, gehackt
- 1 EL Sonnenblumenkerne
- 2 EL Naturjoghurt (bis 3,5 % Fett)
- 1 TL frische Petersilie, gehackt
- Salz und Pfeffer nach Geschmack

Zubereitung:

1. In einer Pfanne das Olivenöl erhitzen und die Hühnerbruststreifen darin scharf anbraten, bis sie durch sind und eine goldbraune Farbe annehmen. Aus der Pfanne nehmen und beiseite stellen.

2. Die gewürfelte Paprika kurz in der gleichen Pfanne anbraten, bis sie leicht weich ist, aber noch Biss hat.

3. In einer kleinen Schüssel Rapsöl, Zitronensaft, Naturjoghurt, Petersilie, Salz und Pfeffer zu einem Dressing verrühren.

4. Den gemischten Salat auf einem Teller anrichten. Die Hühnerbruststreifen, angebratene Paprika und Artischockenherzen darüber verteilen.

5. Das vorbereitete Dressing über den Salat geben und mit Walnüssen und Sonnenblumenkernen bestreuen.

Garnelen-Avocado-Salat

Zubereitungszeit: 15 Minuten
Portionen: 1 Person

Zutaten:

- 6 frische Garnelen, geschält und entdarmt
- 1 Avocado, gewürfelt
- 1 Bio-Zitrone, Saft und Abrieb
- 2 EL natives Olivenöl extra
- 1 kleiner Apfel, gewürfelt
- 5 Walnüsse, grob gehackt
- 1 Handvoll gemischter Salat (z. B. Rucola, Spinat und Römersalat), gewaschen und getrocknet
- 1 EL Kürbiskerne
- 1 EL Kokosmilch, ungesüßt
- Salz und Pfeffer zum Abschmecken

Zubereitung:

1. Erhitze in einer Pfanne 1 EL Olivenöl auf mittlerer Stufe. Füge die Garnelen hinzu und brate sie von jeder Seite etwa 2 Minuten oder bis sie rosa und durchgegart sind. Dann aus der Pfanne nehmen und beiseite legen.

2. In einer großen Schüssel den gemischten Salat, die gewürfelte Avocado und den Apfel vermengen.

3. Für das Dressing den Zitronensaft, den Zitronenabrieb, das restliche Olivenöl und die Kokosmilch in einer kleinen Schüssel vermischen. Mit Salz und Pfeffer abschmecken.

4. Gib das Dressing über den Salat und vermische alles gut miteinander.

5. Lege die gebratenen Garnelen auf den Salat und streue die gehackten Walnüsse und Kürbiskerne darüber.

Mediterraner Tomatensalat mit Mozzarella

Zubereitungszeit: 15 Minuten
Portionen: 1 Person

Zutaten:

- 2 mittelgroße Tomaten, gewürfelt
- 50 g Mozzarella, in Würfel geschnitten
- 5 Walnüsse, grob gehackt
- 4 frische Basilikumblätter, fein geschnitten
- 1 Bio-Zitrone, Abrieb und Saft
- 2 EL natives Olivenöl extra
- Eine Prise Salz
- Eine Prise schwarzer Pfeffer
- 1 EL Kürbiskerne

Zubereitung:

1. Wasche die Tomaten und schneide sie in Würfel. Der Mozzarella wird ebenfalls in Würfel geschnitten.

2. Gib die Tomaten- und Mozzarellawürfel in eine Schüssel.

3. Füge nun den Zitronenabrieb und 1 EL Zitronensaft zu den Tomaten und Mozzarella hinzu.

4. Gib die grob gehackten Walnüsse und Kürbiskerne hinzu.

5. Nun kommen das fein geschnittene Basilikum, Salz, Pfeffer und Olivenöl hinzu. Alles gut vermengen.

6. Richte den Salat in einer Schale oder auf einem Teller an.

Zitrusfrucht-Salat

Zubereitungszeit: 15 Minuten
Portionen: 1 Person

Zutaten:

- 1 Bio-Zitrone, in dünne Scheiben geschnitten
- 1 Bio-Orange, geschält und in Stücke geteilt
- 5 Erdbeeren, halbiert
- 1 Kiwi, geschält und in Scheiben geschnitten
- 1 EL Mandeln, grob gehackt
- 1 TL Rapsöl
- 1 EL Mandelmilch, ungesüßt
- 1 TL Quark (bis 20 % Fett)
- Ein paar frische Minzblätter, gehackt (zum Garnieren)

Zubereitung:

1. Die Zitronenscheiben, Orangenstücke, Erdbeerhälften und Kiwi-Scheiben in einer großen Schüssel vermengen.

2. In einer kleinen Schüssel das Rapsöl, die Mandelmilch und den Quark gut vermischen, bis eine cremige Konsistenz entsteht.

3. Die Sauce vorsichtig über die Früchte geben und alles sanft miteinander vermengen, sodass die Früchte gut mit der Sauce bedeckt sind.

4. Den Salat in eine Servierschüssel geben und mit den grob gehackten Mandeln bestreuen.

5. Zum Schluss mit den frischen Minzblättern garnieren. Guten Appetit!

Krautsalat mit Karpfen

Zubereitungszeit: 30 Minuten
Portionen: 1 Person

Zutaten:

- 150 g frischer Karpfen, filetiert und in Würfel geschnitten
- 100 g Weißkohl, fein gehobelt
- 1 kleiner Apfel, gewürfelt
- 1 Handvoll Walnüsse, grob gehackt
- 1 Bio-Zitrone, Saft und Abrieb
- 2 EL Rapsöl
- 1 TL Dijonsenf
- Salz und Pfeffer nach Geschmack
- 1 EL frische Petersilie, fein gehackt
- 1 EL Kürbiskerne

Zubereitung:

1. Als erstes den Weißkohl in eine Schüssel geben, leicht salzen und mit den Händen kurz durchkneten, bis er etwas weicher wird.

2. In einer kleinen Schale Rapsöl, Dijonsenf, Zitronensaft, -abrieb sowie Salz und Pfeffer vermengen und abschmecken.

3. Den Karpfen in einer Pfanne mit einem TL Rapsöl auf mittlerer Hitze von beiden Seiten kurz anbraten, bis er durch ist. Danach zur Seite legen und leicht abkühlen lassen.

4. Die Apfelwürfel zum Kraut geben, die Walnüsse und Kürbiskerne dazugeben und alles mit dem Dressing vermengen.

5. Den Salat auf einem Teller anrichten, die Karpfenwürfel darauf verteilen und zum Schluss mit Petersilie bestreuen. Guten Appetit!

Spargelsalat mit Ei

Zubereitungszeit: 25 Minuten
Portionen: 1 Person

Zutaten:

- 150 g grüner Spargel, Enden abgeschnitten und in 4 cm lange Stücke geschnitten
- 1 Bio-Ei, hartgekocht und halbiert
- 50 g gemischter Salat (z.B. Spinat, Rucola, Feldsalat)
- 10 g Walnüsse, grob gehackt
- 1 Bio-Zitrone, Abrieb und Saft
- 2 EL natives Olivenöl extra
- 1 EL Wasser
- Salz und Pfeffer nach Geschmack
- 1 EL Kürbiskerne
- 50 g Feta, zerbröselt
- 5-6 Cherrytomaten, halbiert
- 1 EL Schnittlauch, fein gehackt

Zubereitung:

1. In einem mittelgroßen Topf Wasser zum Kochen bringen. Eine Prise Salz hinzufügen und die Spargelstücke 3-4 Minuten blanchieren, bis sie bissfest sind. Anschließend in einem Sieb abgießen und kurz mit kaltem Wasser abschrecken.

2. In einer kleinen Schüssel das Olivenöl, Wasser, Zitronensaft und -abrieb miteinander verquirlen. Mit Salz und Pfeffer abschmecken. Das ist dein Dressing.

3. Den gemischten Salat auf einem Teller verteilen. Den blanchierten Spargel, Cherrytomaten und das halbierte Ei darüberlegen.

4. Das Dressing gleichmäßig über den Salat träufeln. Walnüsse, Kürbiskerne und Feta darüberstreuen. Zum Schluss mit dem gehackten Schnittlauch garnieren.

Rote Beete-Salat mit Kürbiskernen

Zubereitungszeit: 20 Minuten
Portionen: 1 Person

Zutaten:

- 1 mittelgroße Rote Beete, gekocht und gewürfelt
- 2 EL Kürbiskerne, geröstet
- 1 kleiner Apfel, gewürfelt
- 50 g Rucola, gewaschen und grob gehackt
- 1 EL Walnussöl
- Saft einer halben Bio-Zitrone
- 1 EL Kürbiskerne zum Garnieren
- 1 EL Feta, zerkrümelt
- Salz und Pfeffer nach Geschmack

Zubereitung:

1. Als erstes du die Kürbiskerne in einer Pfanne ohne Öl rösten, bis sie leicht golden sind. Dann auf einem Teller abkühlen lassen.

2. Nimm eine große Schüssel und vermische die gewürfelte Rote Beete mit dem Apfel und Rucola.

3. In einer kleinen Schüssel das Walnussöl mit Zitronensaft vermischen und mit Salz und Pfeffer würzen. Dieses Dressing über den Salat gießen und gut umrühren, sodass alles schön miteinander vermischt ist.

4. Den Salat auf einen Teller geben, mit Kürbiskernen und zerkrümeltem Feta garnieren.

Brokkoli-Nusssalat

Zubereitungszeit: 15 Minuten
Portionen: 1 Person

Zutaten:

- 150 g frischer Brokkoli, in kleine Röschen geschnitten
- 30 g Mandeln, grob gehackt
- 30 g Walnüsse, grob gehackt
- 1 kleiner Apfel, gewürfelt
- 1 Bio-Zitrone, der Saft
- 50 ml ungesüßte Mandelmilch
- 1 TL natives Olivenöl extra
- 1 TL Rapsöl
- Salz und Pfeffer nach Geschmack
- 1 EL gehackte Petersilie

Zubereitung:

1. Setze einen Topf mit Wasser auf den Herd und bringe es zum Kochen. Gib den Brokkoli hinein und koche ihn für etwa 3-4 Minuten, sodass er noch knackig bleibt. Schütte das Wasser ab und lasse den Brokkoli abkühlen.

2. In einer trockenen Pfanne die Mandeln und Walnüsse leicht anrösten, bis sie duften.

3. In einer großen Schüssel Brokkoli, Apfelwürfel und geröstete Nüsse mischen.

4. In einer separaten kleinen Schüssel Olivenöl, Rapsöl, Mandelmilch und Zitronensaft miteinander verquirlen. Mit Salz und Pfeffer abschmecken.

5. Das Dressing über den Salat gießen und gut vermengen. Zum Schluss die gehackte Petersilie darüber streuen.

Kiwi-Quinoa-Salat

Zubereitungszeit: 20 Minuten
Portionen: 1 Person

Zutaten:

- 50 g Quinoa, gewaschen und abgetropft
- 1 reife Kiwi, geschält und in kleine Würfel geschnitten
- 30 g frische Erdbeeren, gewaschen und geviertelt
- 1 EL Sonnenblumenkerne
- 1 EL Kürbiskerne
- 1 EL natives Olivenöl extra
- 1 TL Bio-Zitronensaft, frisch gepresst
- 50 g Spinat, gewaschen und grob gehackt
- 20 g Feta, zerbröckelt
- Salz und Pfeffer nach Geschmack
- 2 EL frische Petersilie, fein gehackt

Zubereitung:

1. In einem kleinen Topf 150 ml Wasser zum Kochen bringen. Den Quinoa hinzufügen, leicht salzen und auf niedriger Hitze etwa 15 Minuten köcheln lassen, bis er gar ist und das Wasser absorbiert wurde. Vom Herd nehmen und auskühlen lassen.

2. Während der Quinoa kocht, Kiwi, Erdbeeren, Sonnenblumenkerne und Kürbiskerne in einer großen Schüssel vermengen.

3. In einer kleinen Schüssel Olivenöl und Zitronensaft vermischen und mit Salz und Pfeffer abschmecken.

4. Den abgekühlten Quinoa zur Fruchtmischung hinzufügen und gut umrühren. Den Spinat und den zerbröckelten Feta untermischen.

5. Die Olivenöl-Zitronen-Mischung über den Salat träufeln und alles gut vermengen. Mit frischer Petersilie bestreuen.

Aprikosen-Rucola-Salat

Zubereitungszeit: 10 Minuten
Portionen: 1 Person

Zutaten:

- 3 frische Aprikosen, gewaschen und in Spalten geschnitten
- 1 Handvoll Rucola, gewaschen und trocken geschüttelt
- 30 g Walnüsse, grob gehackt
- 1 EL natives Olivenöl extra
- 1 TL Bio-Zitrone, Saft und Abrieb
- 2 EL Quark (bis 20 % Fett)
- Eine Prise Salz

Zubereitung:

1. In einer kleinen Schüssel den Zitronensaft, Zitronenabrieb, Olivenöl und eine Prise Salz vermischen. Gut umrühren, bis eine schöne Dressing-Konsistenz entsteht.
2. Die Aprikosenspalten auf einem Teller verteilen.
3. Den Rucola darüber geben.
4. Die gehackten Walnüsse gleichmäßig über den Salat streuen.
5. Das Dressing gleichmäßig über den Salat träufeln.
6. Zum Abschluss den Quark in kleinen Klecksen auf dem Salat verteilen.

Feldsalat mit geräuchertem Forellenfilet

Zubereitungszeit: 15 Minuten
Portionen: 1 Person

Zutaten:

- 80 g Feldsalat, gewaschen und getrocknet
- 50 g geräuchertes Forellenfilet, in dünne Scheiben geschnitten
- 5 g Walnüsse, grob gehackt
- 1/2 kleiner Apfel, gewaschen und in dünne Scheiben geschnitten
- 10 g Kürbiskerne
- 1 EL natives Olivenöl extra
- 1 TL Apfelessig
- Salz und Pfeffer nach Geschmack
- 1 EL saure Sahne (10 % Fett)
- 1 EL frisch gepresster Bio-Zitronensaft
- Einige frische Kräuter, fein gehackt (z.B. Petersilie oder Dill)

Zubereitung:

1. In einer großen Salatschüssel den Feldsalat, die Apfelscheiben und das geräucherte Forellenfilet anrichten.

2. In einer kleinen Pfanne ohne Öl die Walnüsse und Kürbiskerne leicht anrösten, bis sie duften und eine goldene Farbe annehmen. Danach über den Salat streuen.

3. Für das Dressing Olivenöl, Apfelessig, saure Sahne und Zitronensaft in einer kleinen Schale miteinander verrühren. Mit Salz, Pfeffer und den frisch gehackten Kräutern abschmecken.

4. Das Dressing vorsichtig über den Salat träufeln und alles sanft vermengen. Guten Appetit.

Hauptgerichte mit Fisch

Lachssteak auf Spinatbett

Zubereitungszeit: 20 Minuten
Portionen: 1 Person

Zutaten:

- 1 Lachssteak (ca. 150 g), frisch oder aufgetaut
- 200 g frischer Spinat, gewaschen und grob gehackt
- 1 Bio-Zitrone, die Schale abgerieben und der Saft ausgepresst
- 2 EL natives Olivenöl extra
- 1 kleine Knoblauchzehe, fein gehackt
- 2 EL Walnüsse, grob gehackt
- 1 EL Rapsöl
- Salz und Pfeffer nach Geschmack
- 1 TL Butter
- 50 ml Mandelmilch, ungesüßt
- 1 EL Kürbiskerne als Garnierung

Zubereitung:

1. In einer Pfanne 1 EL Olivenöl bei mittlerer Hitze erwärmen. Den Lachs mit Salz und Pfeffer würzen und in die Pfanne geben. Von beiden Seiten je ca. 3-4 Minuten braten, bis er goldbraun und innen noch leicht rosa ist. Den Lachs herausnehmen und beiseite stellen.

2. Im selben Öl den gehackten Knoblauch kurz anbraten, aber nicht braun werden lassen. Dann den frischen Spinat hinzufügen und so lange dünsten, bis er zusammenfällt. Mit der Mandelmilch und dem Zitronensaft ablöschen. Mit Salz und Pfeffer abschmecken.

3. In einer separaten kleinen Pfanne das Rapsöl erhitzen. Die Walnüsse darin kurz anrösten, bis sie duften. Dann die Butter und die Zitronenschale hinzufügen und alles gut vermengen.

4. Das Spinatbett auf einem Teller anrichten und das Lachssteak darauf setzen. Die Walnuss-Butter-Zitronen-Mischung über den Lachs träufeln. Das Ganze mit Kürbiskernen bestreuen und servieren.

Gebratene Forelle mit Gemüsepfanne

Zubereitungszeit: 30 Minuten
Portionen: 1 Person

Zutaten:

- 1 frische Forelle, ausgenommen und gereinigt
- 2 EL natives Olivenöl extra
- 1/2 Zucchini, gewürfelt
- 1/2 Paprika, rot oder gelb, gewürfelt
- 2-3 frische Champignons, in Scheiben geschnitten
- 1 kleine Karotte, in dünne Scheiben geschnitten
- 2 TL gehackte Mandeln
- 1/4 Bio-Zitrone, in Scheiben geschnitten
- Salz und Pfeffer nach Geschmack
- 1 EL Butter zum Anbraten
- 2 EL ungesüßte Kokosmilch
- Einige Blätter frischer Spinat
- 1 EL Sonnenblumenkerne

Zubereitung:

1. Beginne damit, die Forelle von innen und außen gut zu salzen und zu pfeffern. Lege zwei Zitronenscheiben in den Bauch der Forelle.

2. Erhitze in einer Pfanne 1 EL Olivenöl und die Butter. Wenn die Butter schäumt, lege die Forelle hinein und brate sie von jeder Seite etwa 4-5 Minuten, bis sie goldbraun und durchgegart ist. Nimm die Forelle aus der Pfanne und halte sie warm.

3. Gib nun das restliche Olivenöl in die gleiche Pfanne und erhitze es. Füge die Karotten hinzu und brate sie für etwa 2 Minuten an.

4. Füge nun Zucchini, Paprika und Champignons hinzu. Brate das Gemüse unter gelegentlichem Rühren für etwa 5-7 Minuten, bis es weich und leicht gebräunt ist.

5. Gib die Kokosmilch dazu und rühre gut um. Lass alles kurz aufkochen und füge dann den Spinat hinzu. Würze mit Salz und Pfeffer.

6. Zum Schluss füge die gehackten Mandeln und Sonnenblumenkerne hinzu und rühre noch einmal gut durch.

7. Serviere die gebratene Forelle auf einem Teller und gib die Gemüsepfanne daneben. Garniere mit den übrigen Zitronenscheiben.

Makrelenfilet mit Zucchininudeln

Zubereitungszeit: 20 Minuten
Portionen: 1 Person

Zutaten:

- 1 frisches Makrelenfilet (ca. 150 g)
- 1 mittelgroße Zucchini, gewaschen und in Spiralen geschnitten
- 1 Bio-Zitrone, Abrieb und Saft
- 2 EL natives Olivenöl extra
- 2 EL Walnüsse, grob gehackt
- 1 Knoblauchzehe, fein gehackt
- Eine Handvoll frischer Spinat, gewaschen
- Salz und Pfeffer nach Geschmack
- Ein paar frische Basilikumblätter

Zubereitung:

1. Das Olivenöl in einer Pfanne erhitzen. Das Makrelenfilet mit der Hautseite nach unten in die Pfanne legen. Bei mittlerer Hitze 3-4 Minuten braten, bis die Haut knusprig ist. Umdrehen und weitere 2-3 Minuten braten, bis das Fleisch leicht durchsichtig ist. Das Filet aus der Pfanne nehmen und beiseite stellen.

2. In derselben Pfanne die Zucchininudeln und den gehackten Knoblauch hinzufügen. Unter Rühren 2-3 Minuten anbraten.

3. Den Spinat und die Walnüsse hinzugeben und weiter rühren, bis der Spinat leicht welk ist.

4. Mit Zitronensaft, -abrieb, Salz und Pfeffer würzen.

5. Die Zucchininudeln auf einen Teller geben, das Makrelenfilet darauf legen und mit frischen Basilikumblättern garnieren.

Kabeljau mit Brokkolipüree

Zubereitungszeit: 25 Minuten
Portionen: 1 Person

Zutaten:

- 150 g frischer Kabeljau (ohne Haut und Gräten)
- 200 g Brokkoli, gewaschen und in Röschen geteilt
- 1 kleine Knoblauchzehe, fein gehackt
- 1 EL natives Olivenöl extra
- 1 EL Butter
- 50 ml Mandelmilch, ungesüßt
- 1 TL Bio-Zitrone, Abrieb und Saft
- 1 EL Walnüsse, grob gehackt
- Salz und Pfeffer nach Geschmack

Zubereitung:

1. Setze Wasser in einem Topf auf und bringe es zum Kochen. Salze das Wasser leicht und koche die Brokkoliröschen darin für etwa 5-7 Minuten, bis sie weich sind. Gieße das Wasser ab und stelle den Brokkoli beiseite.

2. In einer Pfanne das Olivenöl erhitzen. Den Kabeljau von beiden Seiten salzen und pfeffern und in die heiße Pfanne geben. Jede Seite des Fisches etwa 2-3 Minuten braten, bis er goldbraun und durchgegart ist. Nimm den Fisch aus der Pfanne und lege ihn beiseite.

3. In der gleichen Pfanne die Butter schmelzen und den gehackten Knoblauch darin kurz anschwitzen, bis er duftet, aber nicht braun wird. Füge nun den gekochten Brokkoli und die Mandelmilch hinzu und koche das Ganze kurz auf.

4. Püriere die Brokkoli-Mischung mit einem Stabmixer oder in einem Standmixer zu einem glatten Püree. Falls es zu dickflüssig ist, kannst du noch etwas Mandelmilch hinzufügen. Würze mit Salz, Pfeffer und einem Spritzer Zitronensaft.

5. Richte das Brokkolipüree auf einem Teller an, lege den gebratenen Kabeljau darauf und garniere mit Walnüssen und etwas Zitronenabrieb.

Garnelen-Gemüse-Stirfry

Zubereitungszeit: 25 Minuten
Portionen: 1 Person

Zutaten:

- 150 g Garnelen, geschält und entdarmt
- 1 kleine Zucchini, in Scheiben geschnitten
- 1 Möhre, in dünne Streifen geschnitten
- 1 Paprika, gewürfelt
- 1 Handvoll grüne Bohnen, geschnitten
- 1 EL Kokosöl
- 2 EL Sojasauce
- 1 TL geriebene Bio-Zitrone
- 1 TL Walnussöl
- 2 EL gehackte Walnüsse
- 1 EL gehackte Korianderblätter
- Salz und Pfeffer nach Geschmack

Zubereitung:

1. Erhitze das Kokosöl in einer großen Pfanne oder Wok auf mittlerer Hitze. Sobald das Öl heiß ist, füge die Garnelen hinzu und brate sie 2-3 Minuten, bis sie rosa werden. Nimm sie aus der Pfanne und stelle sie beiseite.

2. In derselben Pfanne füge die Möhrenstreifen hinzu und brate sie für 2 Minuten. Danach die Zucchini, Paprika und grünen Bohnen hinzufügen und für weitere 5-7 Minuten braten, bis das Gemüse zart wird.

3. Die Garnelen wieder in die Pfanne geben. Sojasauce und geriebene Zitrone hinzufügen und alles gut vermischen. Ein paar Minuten köcheln lassen, bis alles gut erhitzt ist.

4. Zum Schluss mit Walnussöl beträufeln und die gehackten Walnüsse und Koriander darüberstreuen. Mit Salz und Pfeffer abschmecken.

Seezungen-Röllchen mit Radieschensalat

Zubereitungszeit: 30 Minuten
Portionen: 1 Person

Zutaten:

- 2 Seezungenfilets, frisch und Haut entfernt
- 4 Radieschen, gewaschen und in dünne Scheiben geschnitten
- 1 Handvoll gemischter Salat (z.B. Kopfsalat, Rucola, Spinat)
- 1 EL Kürbiskerne, leicht geröstet
- 2 EL natives Olivenöl extra
- 1 TL Zitronensaft, frisch gepresst von einer Bio-Zitrone
- 1 EL frische Petersilie, gehackt
- 1 EL Kokosöl
- Salz und Pfeffer nach Geschmack
- 1 EL saure Sahne (10% Fett)

Zubereitung:

1. In einer Schüssel die Radieschenscheiben, den gemischten Salat und die Kürbiskerne vermengen.

2. In einer kleinen Schüssel Olivenöl, Zitronensaft, gehackte Petersilie, Salz und Pfeffer verrühren, um ein Dressing herzustellen. Das Dressing über den Salat geben und alles gut durchmischen.

3. Die Seezungenfilets leicht salzen und pfeffern. Jedes Filet zu einem Röllchen formen und mit einem Zahnstocher fixieren.

4. Eine Pfanne mit dem Kokosöl erhitzen. Die Seezungen-Röllchen von jeder Seite ca. 2-3 Minuten anbraten, bis sie goldbraun und durchgegart sind.

5. Die Seezungen-Röllchen auf einem Teller anrichten, den Radieschensalat daneben setzen und mit der sauren Sahne garnieren. Lass es dir schmecken.

Heringssalat mit grünem Gemüse

Zubereitungszeit: 25 Minuten
Portionen: 1 Person

Zutaten:

- 100 g frischer Hering, filetiert
- 1 mittelgroßer Apfel, gewürfelt
- 50 g Grünkohl, gewaschen und grob gehackt
- 50 g Brokkoli, in kleine Röschen geschnitten
- 1 Bio-Zitrone, Saft und Abrieb
- 1 EL natives Olivenöl extra
- 1 EL Sonnenblumenkerne
- 1 EL Rapsöl zum Braten
- Salz und Pfeffer nach Geschmack
- 1 EL Naturjoghurt (bis 3,5 % Fett)
- 1 EL frischer Dill, gehackt
- 1 EL saure Sahne (10 % Fett)

Zubereitung:

1. Erhitze das Rapsöl in einer Pfanne auf mittlerer Stufe. Brate den Hering von beiden Seiten 2-3 Minuten an, bis er goldbraun und durchgegart ist. Nimm ihn aus der Pfanne und lege ihn beiseite.

2. In derselben Pfanne den Grünkohl und Brokkoli für 4-5 Minuten anbraten, bis sie leicht gebräunt und knusprig sind. Währenddessen den Apfel würfeln.

3. In einer mittelgroßen Schüssel den Naturjoghurt, saure Sahne, Zitronensaft und -abrieb, Olivenöl, Dill, Salz und Pfeffer verquirlen, bis eine homogene Soße entsteht.

4. Füge den gebratenen Hering, Grünkohl, Brokkoli und Apfelwürfel in die Schüssel hinzu. Alles gut vermengen.

5. Den Salat auf einem Teller anrichten und mit Sonnenblumenkernen bestreuen.

Sardinen auf Paprika-Ratatouille

Zubereitungszeit: 25 Minuten
Portionen: 1 Person

Zutaten:

- 2 frische Sardinen, ausgenommen und gereinigt
- 1 rote Paprika, gewürfelt
- 1 grüne Paprika, gewürfelt
- 1 kleine Zucchini, gewürfelt
- 1 Tomate, gewürfelt
- 2 EL natives Olivenöl extra
- 1 kleine Schalotte, fein gehackt
- 1 Knoblauchzehe, fein gehackt
- 2 EL Wasser
- 1 TL Bio-Zitrone, Abrieb
- 1 EL Kürbiskerne, leicht geröstet
- 1 Prise Salz
- Einige Basilikumblätter, zum Garnieren
- 1 TL Butter

Zubereitung:

1. Erhitze 1 EL Olivenöl in einer Pfanne bei mittlerer Hitze. Füge die Schalotte und den Knoblauch hinzu und dünste sie, bis sie weich sind.

2. Füge nun die gewürfelten Paprika, Zucchini und Tomate hinzu. Gib 2 EL Wasser hinzu, um ein sanftes Schmoren zu ermöglichen. Lass das Gemüse 10-12 Minuten köcheln, bis es weich ist, aber noch Biss hat. Mit Salz und Zitronenabrieb abschmecken.

3. In einer anderen Pfanne 1 EL Olivenöl und 1 TL Butter erhitzen. Die Sardinen von beiden Seiten jeweils 2-3 Minuten scharf anbraten, bis sie goldbraun sind.

4. Das Paprika-Ratatouille auf einem Teller anrichten, die Sardinen darauflegen und mit Kürbiskernen und Basilikumblättern garnieren.

Thunfischsteak mit Auberginen

Zubereitungszeit: 25 Minuten
Portionen: 1 Person

Zutaten:

- 1 frisches Thunfischsteak (ca. 150 - 200 g)
- 1 kleine Aubergine, in Scheiben geschnitten
- 1 EL natives Olivenöl extra
- 1 TL Walnussöl
- 1 Bio-Zitrone, Saft und Abrieb
- Eine Handvoll frischer Spinat
- 2 TL Sonnenblumenkerne
- Salz und Pfeffer nach Geschmack
- 1 TL Rapsöl zum Braten

Zubereitung:

1. Heize deine Pfanne vor und gebe das Rapsöl hinein.

2. Würze das Thunfischsteak mit Salz und Pfeffer und brate es in der heißen Pfanne von beiden Seiten jeweils 2-3 Minuten (je nach Dicke und gewünschtem Garpunkt). Nimm es aus der Pfanne und lege es zum Ruhen beiseite.

3. In der gleichen Pfanne gibst du nun das Olivenöl und fügst die Auberginenscheiben hinzu. Brate sie von beiden Seiten goldbraun. Währenddessen kannst du sie mit Salz und Pfeffer abschmecken.

4. In einer kleinen Schüssel vermengst du Walnussöl, Zitronensaft und den Abrieb der Zitrone miteinander. Dies wird dein Dressing für den Spinat.

5. In einer anderen Pfanne ohne Öl röstest du die Sonnenblumenkerne an, bis sie leicht goldbraun sind. Achte darauf, sie nicht anzubrennen.

6. Wasche den Spinat gründlich und schleudere ihn trocken. Vermenge ihn in einer Schüssel mit dem Dressing.

7. Jetzt geht es ans Anrichten: Auf einen Teller legst du erst den Spinatsalat, darüber die gebratenen Auberginenscheiben. Das Thunfischsteak setzt du obenauf und bestreust alles mit den gerösteten Sonnenblumenkernen.

Garnelen-Pilz-Pfanne

Zubereitungszeit: 20 Minuten
Portionen: 1 Person

Zutaten:

- 5 große Garnelen, geschält und entdarmt
- 100 g gemischte frische Pilze (z.B. Champignons, Steinpilze), geputzt und in Scheiben geschnitten
- 1 kleine Bio-Zitrone, gewaschen und in Scheiben geschnitten
- 1 EL natives Olivenöl extra
- 1 kleine Zwiebel, fein gewürfelt
- 1 TL frischer Thymian, gehackt
- 1 TL frischer Rosmarin, gehackt
- 50 ml Kokosmilch, ungesüßt
- 2 EL Vollkornnudeln, gekocht
- Eine Prise Salz und Pfeffer
- 1 EL gehackte Walnüsse
- 1 EL frischer Schnittlauch, gehackt

Zubereitung:

1. Erhitze das Olivenöl in einer Pfanne auf mittlerer Hitze. Füge die Zwiebel hinzu und brate sie, bis sie glasig sind.

2. Gib die Pilze in die Pfanne und brate sie, bis sie goldbraun sind und ihre Flüssigkeit freigeben.

3. Füge nun die Garnelen hinzu und brate sie von beiden Seiten, bis sie rosa und durchgegart sind.

4. Mische den Thymian und Rosmarin unter und lass alles für ein paar Minuten köcheln.

5. Gib die Kokosmilch hinzu und lass die Mischung für weitere 2-3 Minuten köcheln, bis sie leicht eingedickt ist.

6. Füge nun die gekochten Vollkornnudeln und die Zitronenscheiben hinzu und vermische alles gut. Würze mit Salz und Pfeffer nach Geschmack.

7. Serviere deine Garnelen-Pilz-Pfanne auf einem Teller, bestreut mit gehackten Walnüssen und frischem Schnittlauch.

Steinbutt auf Spitzkohlsalat

Zubereitungszeit: 30 Minuten
Portionen: 1 Person

Zutaten:

- 1 Stück Steinbutt (ca. 150 g), frisch
- 1/4 kleiner Spitzkohl, fein geschnitten
- 1 Apfel, gewürfelt
- 1 EL Walnüsse, grob gehackt
- 1 TL Kürbiskerne
- 2 EL natives Olivenöl extra
- 1 EL Rapsöl
- Saft einer halben Bio-Zitrone
- 1 EL Quark (bis 20 % Fett)
- 2 Blätter Minze, fein geschnitten
- Salz und Pfeffer nach Geschmack

Zubereitung:

1. Den Steinbutt mit Salz und Pfeffer würzen. In einer Pfanne 1 EL Rapsöl erhitzen und den Steinbutt ca. 3-4 Minuten pro Seite goldbraun anbraten, bis er durch ist. Danach aus der Pfanne nehmen und kurz ruhen lassen.

2. In einer großen Schüssel den fein geschnittenen Spitzkohl, gewürfelten Apfel, gehackte Walnüsse und Kürbiskerne miteinander vermengen.

3. Für das Dressing Olivenöl, Zitronensaft, Quark und fein geschnittene Minze miteinander verquirlen. Mit Salz und Pfeffer abschmecken und über den Spitzkohlsalat geben.

4. Den Salat gut durchmischen, damit sich das Dressing schön verteilt.

5. Den Salat auf einen Teller anrichten und den gebratenen Steinbutt darauflegen.

6. Zum Schluss noch ein paar Tropfen Olivenöl über den Fisch geben.

Heilbutt mit Erbsenpüree

Zubereitungszeit: 25 Minuten
Portionen: 1 Person

Zutaten:

- 150 g Heilbuttfilet, frisch
- 200 g grüne Erbsen, tiefgekühlt
- 1 EL natives Olivenöl extra
- 1 Bio-Zitrone, abgerieben und ausgepresst
- 1 EL Kokosöl
- 2 EL Mandelmilch, ungesüßt
- 1 EL frische Minzblätter, fein gehackt
- 1 kleine Schalotte, fein gewürfelt
- Salz und Pfeffer nach Geschmack
- 1 EL Walnüsse, grob gehackt

Zubereitung:

1. Die Erbsen in einem Topf mit kochendem Wasser 5 Minuten lang kochen, bis sie weich sind. Danach abgießen und beiseite stellen.

2. Währenddessen das Kokosöl in einer Pfanne erhitzen. Die Schalotte darin glasig dünsten. Danach die Erbsen, Minze, Mandelmilch, Salz und Pfeffer hinzufügen und alles gut vermengen.

3. Die Erbsenmischung in einen Mixer geben und zu einem feinen Püree verarbeiten. Bei Bedarf etwas Mandelmilch hinzufügen, bis die gewünschte Konsistenz erreicht ist.

4. Das Olivenöl in einer anderen Pfanne erhitzen. Den Heilbutt mit Salz und Pfeffer würzen und auf beiden Seiten jeweils 3-4 Minuten braten, bis er goldbraun und durchgegart ist.

5. Das Erbsenpüree auf einen Teller geben, den Heilbutt darauflegen und mit Zitronenschale, Zitronensaft und gehackten Walnüssen bestreuen.

Karpfenfilet mit Tomatensalsa

Zubereitungszeit: 20 Minuten
Portionen: 1 Person

Zutaten:

- 1 frisches Karpfenfilet (ca. 150 g), entgrätet
- 2 reife Tomaten, gewürfelt
- 1/4 Bio-Zitrone, Saft und etwas Abrieb
- 1 kleine Schalotte, fein gewürfelt
- 1 TL frischer Koriander, gehackt (oder Petersilie, je nach Vorliebe)
- 2 EL natives Olivenöl extra
- 1/2 TL Chiliflocken
- Salz und Pfeffer nach Geschmack
- 1 EL Rapsöl zum Braten
- Ein paar Walnusskerne, grob gehackt

Zubereitung:

1. In einer kleinen Schüssel Tomatenwürfel, Schalotten, Koriander, Chiliflocken, Olivenöl und den Zitronensaft miteinander vermengen. Mit Salz und Pfeffer abschmecken und zur Seite stellen. Das ist deine Tomatensalsa.

2. In einer Pfanne das Rapsöl erhitzen. Währenddessen das Karpfenfilet mit Salz und Pfeffer würzen.

3. Sobald das Öl heiß ist, das Karpfenfilet mit der Hautseite nach unten in die Pfanne legen und ca. 3-4 Minuten braten, bis die Haut knusprig ist. Dann wenden und weitere 2-3 Minuten garen, bis der Fisch vollständig durchgebraten ist.

4. Das fertig gebratene Karpfenfilet auf einen Teller legen und die vorbereitete Tomatensalsa darüber geben. Mit den grob gehackten Walnusskernen bestreuen und etwas Zitronenabrieb darüber reiben.

Hauptgerichte mit Fleisch

Putenschnitzel mit Brokkoliröschen

Zubereitungszeit: 25 Minuten
Portionen: 1 Person

Zutaten:

- 150 g Putenschnitzel, frisch
- 200 g Brokkoliröschen, gewaschen
- 1 Bio-Zitrone, Saft und Abrieb
- 2 EL natives Olivenöl extra
- 1 EL Rapsöl zum Braten
- 2 EL Mandeln, grob gehackt
- 50 ml Mandelmilch, ungesüßt
- 1 EL Butter
- 2 EL Naturjoghurt (bis 3,5 % Fett)
- Salz und Pfeffer, nach Geschmack
- 1 EL Kürbiskerne, geröstet
- 1 kleine Tomate, gewürfelt

Zubereitung:

1. Erhitze in einer Pfanne das Rapsöl auf mittlerer Stufe. Das Putenschnitzel von beiden Seiten etwa 3-4 Minuten goldbraun braten, bis es vollständig durchgegart ist. Anschließend auf einen Teller legen und warm halten.

2. In derselben Pfanne das Olivenöl erhitzen. Brokkoliröschen hinzufügen und unter ständigem Rühren für etwa 5-6 Minuten dünsten, bis sie gar, aber noch bissfest sind.

3. Mandeln in einer kleinen Pfanne ohne Fett leicht anrösten, bis sie duften und leicht goldbraun sind.

4. Für die Sauce: In einem kleinen Topf die Butter schmelzen, Zitronensaft, -abrieb und Mandelmilch hinzufügen. Unter ständigem Rühren erwärmen, bis eine sämige Konsistenz erreicht ist. Den Naturjoghurt unterrühren und mit Salz und Pfeffer abschmecken.

5. Das gebratene Putenschnitzel auf einen Teller legen, den gedünsteten Brokkoli und die gewürfelte Tomate darüber verteilen. Mit der Zitronen-Mandelmilch-Sauce beträufeln und mit gerösteten Mandeln und Kürbiskernen garnieren.

Rinderfilet mit grünen Bohnen

Zubereitungszeit: 30 Minuten
Portionen: 1 Person

Zutaten:

- 150 g Rinderfilet, in 2 cm dicke Scheiben geschnitten
- 100 g grüne Bohnen, Enden abgeschnitten
- 2 EL natives Olivenöl extra
- 1 kleine Bio-Zitrone, Abrieb und Saft
- 1 EL gehackte Walnüsse
- 50 ml Mandelmilch, ungesüßt
- 1 TL Butter
- Salz und Pfeffer nach Geschmack
- Einige Blätter frischen Spinat, gewaschen und grob gehackt

Zubereitung:

1. In einer großen Pfanne 1 EL Olivenöl erhitzen. Das Rinderfilet darin von beiden Seiten 2-3 Minuten anbraten, bis es braun ist. Aus der Pfanne nehmen und warm halten.

2. Die grünen Bohnen in die Pfanne geben und 5-7 Minuten anbraten, bis sie bissfest sind.

3. Während die Bohnen braten, in einem kleinen Topf die Mandelmilch erhitzen. Die Butter hinzufügen und schmelzen lassen, dabei ständig rühren. Den Saft und Abrieb der Zitrone hinzufügen und mit Salz und Pfeffer abschmecken. Die Sauce leicht einköcheln lassen, bis sie cremig wird.

4. Das Rinderfilet auf einen Teller legen und die grünen Bohnen daneben anrichten. Die Zitronenbutter-Sauce darüber träufeln und mit gehackten Walnüssen bestreuen. Zum Schluss den frischen Spinat darüber geben und mit einem EL Olivenöl beträufeln.

Schweinefilet mit Auberginenpüree

Zubereitungszeit: 30 Minuten
Portionen: 1 Person

Zutaten:

- 150 g Schweinefilet, in 2 cm dicke Medaillons geschnitten
- 1 kleine Aubergine, gewaschen und in Scheiben geschnitten
- 1 EL natives Olivenöl extra
- 1 Bio-Zitrone, Abrieb und Saft
- 2 EL Mandelmilch, ungesüßt
- 1 TL Kokosöl
- 1 kleine Knoblauchzehe, fein gehackt
- Ein paar Blätter frischer Basilikum, fein gehackt
- Salz und Pfeffer nach Geschmack

Zubereitung:

1. Heize eine Pfanne über mittlerer Hitze. Gib das Olivenöl hinzu und brate die Auberginenscheiben von beiden Seiten an, bis sie weich sind. Das kann etwa 5-7 Minuten pro Seite dauern.

2. Während die Aubergine kocht, erhitzt du in einer anderen Pfanne das Kokosöl und brätst das Schweinefilet-Medaillon von beiden Seiten an, bis es durch ist. Dies dauert je nach Dicke 3-5 Minuten pro Seite. Würze es mit Salz und Pfeffer.

3. Wenn die Auberginenscheiben weich sind, gib sie in eine Schüssel und füge den gehackten Knoblauch, Zitronenabrieb und -saft, Mandelmilch, Salz und Pfeffer hinzu. Püriere alles mit einem Stabmixer, bis eine glatte Masse entsteht.

4. Richte das Auberginenpüree auf einem Teller an und lege das gebratene Schweinefilet darauf. Bestreue alles mit dem gehackten Basilikum.

Hähnchenbrust mit Paprikagemüse

Zubereitungszeit: 25 Minuten
Portionen: 1 Person

Zutaten:

- 150 g Hähnchenbrust, gewaschen und getrocknet
- 1 Paprika, gewaschen und in Streifen geschnitten
- 5 Cherrytomaten, gewaschen und halbiert
- 1 kleine Zwiebel, fein gewürfelt
- 1 EL natives Olivenöl extra
- 50 ml Kokosmilch, ungesüßt
- 1/2 Bio-Zitrone, Saft und Abrieb
- 1 TL Kurkuma
- 1 EL gehackte frische Petersilie
- Salz und Pfeffer zum Abschmecken

Zubereitung:

1. Erhitze das Olivenöl in einer Pfanne über mittlerer Hitze. Sobald es heiß ist, füge die Hähnchenbrust hinzu und brate sie von beiden Seiten goldbraun an, etwa 5-6 Minuten pro Seite. Nimm die Hähnchenbrust aus der Pfanne und stelle sie beiseite.

2. In der gleichen Pfanne die gewürfelte Zwiebel anbraten, bis sie glasig wird. Anschließend die Paprikastreifen und Cherrytomaten hinzufügen und für weitere 3-4 Minuten dünsten.

3. Die Hähnchenbrust zurück in die Pfanne geben. Kokosmilch, Zitronensaft, Zitronenabrieb und Kurkuma hinzufügen. Alles gut vermischen und für weitere 5 Minuten köcheln lassen.

4. Mit Salz und Pfeffer abschmecken und mit frisch gehackter Petersilie bestreuen.

Rindersteak mit Spargel

Zubereitungszeit: 30 Minuten
Portionen: 1 Person

Zutaten:

- 1 Rindersteak (ca. 200 g)
- 5 grüne Spargelstangen, gewaschen und Enden entfernt
- 1 EL natives Olivenöl extra
- 2 EL Walnüsse, grob gehackt
- 1 EL Mandeln, grob gehackt
- 1 Bio-Zitrone, Abrieb und Saft
- 1 Handvoll frischer Spinat, gewaschen und grob gehackt
- 1 EL Butter
- 50 ml Mandelmilch, ungesüßt
- Salz und Pfeffer

Zubereitung:

1. Das Rindersteak aus dem Kühlschrank nehmen und Raumtemperatur annehmen lassen.

2. In einer Pfanne 1 EL Olivenöl erhitzen. Das Steak darin von beiden Seiten scharf anbraten. Je nach gewünschtem Gargrad 2-4 Minuten pro Seite braten. Dann aus der Pfanne nehmen und kurz ruhen lassen.

3. Während das Steak ruht, die Spargelstangen in die Pfanne geben und bei mittlerer Hitze braten, bis sie gar, aber noch bissfest sind.

4. Für die Sauce: Walnüsse, Mandeln, Zitronenabrieb, Spinat, Butter und Mandelmilch in einem Mixer oder mit einem Pürierstab zu einer cremigen Sauce verarbeiten. Mit Salz, Pfeffer und einem Spritzer Zitronensaft abschmecken.

5. Das Steak auf einen Teller legen, den Spargel daneben anrichten und die Nuss-Kräuter-Sauce darüber geben.

Kassler mit Sauerkraut

Zubereitungszeit: 20 Minuten
Portionen: 1 Person

Zutaten:

- 150 g Kassler, in dünnen Scheiben oder kleineren Stücken
- 100 g Sauerkraut, abgetropft
- 70 g Vollkornnudeln
- 1 Apfel, geschält und in dünne Spalten geschnitten
- 1 EL natives Olivenöl extra
- 1 TL Butter
- 50 ml Kokosmilch, ungesüßt
- 1 EL gehackte Walnüsse
- 1 TL frisch gehackter Dill
- Salz und Pfeffer nach Geschmack

Zubereitung:

1. Setze einen Topf mit Wasser für die Vollkornnudeln auf und bringe es zum Kochen. Gib die Vollkornnudeln hinein und koche sie nach Packungsanweisung al dente.

2. In einer Pfanne das Olivenöl und Butter erhitzen. Das Kassler darin von beiden Seiten leicht anbraten, bis es goldbraun ist. Das Kassler herausnehmen und warm halten.

3. In der gleichen Pfanne die Apfelspalten anbraten, bis sie weich und leicht karamellisiert sind. Das Sauerkraut dazugeben und mit der Kokosmilch ablöschen. Alles gut vermengen und einige Minuten köcheln lassen, bis es gut durchgewärmt ist. Mit Salz und Pfeffer abschmecken.

4. Die abgetropften Vollkornnudeln zum Sauerkraut und Apfel in die Pfanne geben und alles gut vermengen. Den Dill unterheben.

5. Das Kassler auf den Nudeln anrichten und mit den gehackten Walnüssen bestreuen.

Hühnerkeule mit Möhrengemüse

Zubereitungszeit: 35 Minuten
Portionen: 1 Person

Zutaten:

- 1 Hühnerkeule, frisch
- 2 mittelgroße Möhren, gewaschen und in dünne Scheiben geschnitten
- 2 EL natives Olivenöl extra
- 1 Bio-Zitrone, die Schale fein abgerieben und der Saft ausgepresst
- 1 kleine Zucchini, gewaschen und gewürfelt
- 2 TL frische Kräuter deiner Wahl (z.B. Petersilie oder Basilikum), fein gehackt
- 50 ml Kokosmilch, ungesüßt
- Salz und Pfeffer zum Abschmecken

Zubereitung:

1. Erhitze 1 EL Olivenöl in einer Pfanne über mittlerer Hitze. Gib die Hühnerkeule hinzu und brate sie von allen Seiten goldbraun an. Dies sollte etwa 15-20 Minuten dauern, abhängig von der Größe der Keule.

2. In der Zwischenzeit in einer anderen Pfanne das restliche Olivenöl erhitzen. Die Möhrenscheiben und Zucchiniwürfel hinzugeben und für 5-7 Minuten anbraten, bis sie leicht weich sind.

3. Gib die Kokosmilch und die Hälfte des Zitronensafts zu dem Gemüse. Lass alles für weitere 5 Minuten köcheln, bis das Gemüse zart und die Kokosmilch leicht reduziert ist. Mit Salz und Pfeffer abschmecken.

4. Wenn die Hühnerkeule fertig gegart ist, aus der Pfanne nehmen und kurz ruhen lassen. Das Gemüse mit der abgeriebenen Zitronenschale und den frischen Kräutern vermengen.

5. Die Hühnerkeule auf einem Teller anrichten, das Möhrengemüse daneben setzen und mit dem restlichen Zitronensaft beträufeln.

Rindertatar mit Avocado

Zubereitungszeit: 20 Minuten
Portionen: 1 Person

Zutaten:

- 100 g Bio-Rinderfilet, fein gehackt
- 1 reife Avocado, halbiert und entkernt
- 1 Bio-Zitrone, Abrieb und Saft
- 1 TL natives Olivenöl extra
- 2 EL Mandeln, grob gehackt
- Eine Handvoll gemischter Salat (z.B. Rucola, Spinat, Feldsalat)
- 1 kleine Tomate, gewürfelt
- 1 EL Schnittlauch, fein geschnitten
- 1 TL Kürbiskerne
- Salz und Pfeffer nach Geschmack

Zubereitung:

1. Das Rinderfilet gründlich waschen, trocken tupfen und fein hacken. In eine Schüssel geben.

2. Den Zitronensaft und -abrieb mit Olivenöl, Salz und Pfeffer in einer separaten Schüssel vermengen. Das Dressing über das gehackte Rinderfilet gießen und gut vermischen. Etwa 10 Minuten marinieren lassen.

3. Die Avocadohälften vorsichtig mit einem Löffel aushöhlen, sodass eine Mulde entsteht. Das Avocadofleisch in eine Schüssel geben und mit einer Gabel zerdrücken. Mit Salz, Pfeffer und ein wenig Zitronensaft abschmecken.

4. Die Avocadocreme in die Mulden der Avocadohälften füllen. Das marinierte Rindertatar darauf anrichten.

5. Die Tomate und den Schnittlauch über das Tatar streuen. Zum Schluss mit gehackten Mandeln und Kürbiskernen bestreuen.

6. Den gemischten Salat auf einem Teller anrichten, das Rindertatar mit Avocado in die Mitte setzen und servieren.

Putenrollbraten mit Spinatfüllung

Zubereitungszeit: 35 Minuten
Portionen: 1 Person

Zutaten:

- 150 g Putenbrust, flach ge-klopft
- 100 g frischer Spinat, gewaschen und gehackt
- 1 kleine Knoblauchzehe, fein gehackt
- 2 EL natives Olivenöl extra
- 1 EL Walnüsse, grob gehackt
- 1 EL Feta, zerkrümelt
- Salz und Pfeffer, nach Geschmack
- 1 EL Butter
- 50 ml ungesüßte Mandelmilch
- Saft einer halben Bio-Zitrone

Zubereitung:

1. Heize deinen Ofen auf 180 Grad vor.

2. Erhitze 1 EL Olivenöl in einer Pfanne bei mittlerer Hitze. Füge den Knoblauch hinzu und brate ihn kurz an, bis er duftet. Gib den Spinat dazu und brate ihn, bis er zusammenfällt. Vom Herd nehmen und beiseite stellen.

3. In einer kleinen Schüssel die gehackten Walnüsse und den zerkrümelten Feta vermischen.

4. Verteile den Spinat gleichmäßig auf der flach geklopften Putenbrust. Streue die Walnuss-Feta-Mischung darüber und würze mit Salz und Pfeffer. Rolle die Putenbrust vorsichtig auf und fixiere sie mit Küchengarn oder Zahnstochern.

5. In einer ofenfesten Pfanne 1 EL Olivenöl und Butter erhitzen. Brate den Putenrollbraten rundherum an, bis er goldbraun ist.

6. Übergieße den Braten mit Mandelmilch und dem Zitronensaft. Schiebe die Pfanne in den Ofen und lasse den Braten für 20 Minuten garen.

7. Prüfe mit einem Fleischthermometer – die Innentemperatur sollte mindestens 75 Grad betragen. Wenn nötig, die Garzeit verlängern.

8. Lass den Putenrollbraten für ein paar Minuten ruhen, bevor du ihn in Scheiben schneidest. Guten Appetit.

Rinderroulade mit Paprikafüllung

Zubereitungszeit: 45 Minuten
Portionen: 1 Person

Zutaten:

- 1 Rinderroulade (ca. 150 g), flach geklopft
- 1 rote Paprika, gewürfelt
- 1 EL natives Olivenöl extra
- 1 kleine Bio-Zitrone, Abrieb und Saft
- 2 EL Quark (bis 20 % Fett)
- 1 EL gehackte Petersilie
- 1 TL Dijonsenf
- 1 EL Walnüsse, gehackt
- Salz und Pfeffer
- 1 EL Rapsöl zum Anbraten
- 50 ml ungesüßte Mandelmilch

Zubereitung:

1. Die Rinderroulade ausbreiten und mit Salz und Pfeffer würzen.

2. Olivenöl in einer Pfanne erhitzen und die gewürfelte Paprika darin kurz anbraten. Dann den Pfanneninhalt in eine Schüssel geben und leicht abkühlen lassen.

3. Zu den Paprikawürfeln in der Schüssel den Zitronenabrieb, Quark, gehackte Petersilie, Dijonsenf und gehackte Walnüsse hinzufügen. Gut vermengen und mit Salz, Pfeffer und etwas Zitronensaft abschmecken.

4. Die Paprikamasse gleichmäßig auf der Rinderroulade verteilen und die Roulade vorsichtig einrollen. Mit Küchengarn fixieren.

5. Rapsöl in der Pfanne erhitzen und die Rinderroulade darin rundherum scharf anbraten.

6. Mandelmilch hinzugießen, den Deckel auf die Pfanne setzen und die Roulade bei mittlerer Hitze ca. 20-25 Minuten schmoren lassen. Gegebenenfalls etwas Wasser hinzufügen, falls nötig.

7. Die Rinderroulade aus der Pfanne nehmen und kurz ruhen lassen, dann das Küchengarn entfernen und in Scheiben schneiden.

8. Den entstandenen Saft in der Pfanne mit Salz und Pfeffer abschmecken und als Sauce über die Rinderroulade gießen.

Vegane Rezepte

Zucchini-Carpaccio mit Pinienkernen

Zubereitungszeit: 15 Minuten
Portionen: 1 Person

Zutaten:

- 1 mittelgroße Zucchini, in dünne Scheiben geschnitten
- 1 EL natives Olivenöl extra
- 1 TL frischer Zitronensaft von einer Bio-Zitrone
- Eine Prise schwarzer Pfeffer
- Eine kleine Handvoll Rucolasalat
- 1 EL Pinienkerne, leicht geröstet
- 1 EL Walnusskerne, grob gehackt
- 1 EL frische Erdbeeren, in kleine Stücke geschnitten
- 1 EL frischer Dill, gehackt

Zubereitung:

1. Die Zucchinischeiben gleichmäßig auf einem Teller anordnen, so dass sie sich leicht überlappen.

2. In einer kleinen Schüssel das Olivenöl und den Zitronensaft vermischen. Die Mischung über die Zucchinischeiben träufeln.

3. Den Rucolasalat in der Mitte des Tellers über den Zucchinischeiben platzieren.

4. Die gerösteten Pinienkerne, gehackten Walnüsse und Erdbeerstücke über den Salat und die Zucchinischeiben streuen.

5. Das Ganze mit dem frischen Dill garnieren und mit einer Prise schwarzem Pfeffer abschmecken.

Linsenbällchen mit Tomatensauce

Zubereitungszeit: 30 Minuten
Portionen: 1 Person

Zutaten:

- 100 g grüne Linsen, gewaschen und abgetropft
- 50 g Vollkornbrot, fein zerbröselt
- 1 Bio-Zitrone, abgerieben und Saft ausgepresst
- 2 EL natives Olivenöl extra zum Anbraten
- 1 kleine rote Paprika, fein gewürfelt
- 2 EL gehackte Walnüsse
- 2 EL fein gehackter frischer Spinat
- 1 TL Rapsöl
- 1 TL Kokosöl
- 2 mittelgroße Tomaten, gewürfelt
- 1 kleine Zwiebel, fein gewürfelt
- 1 EL Tomatenmark
- 100 ml Mandelmilch, ungesüßt
- Salz und Pfeffer nach Geschmack

Zubereitung:

1. Setze die Linsen in einem Topf mit etwa 400 ml Wasser auf und bringe sie zum Kochen. Reduziere die Hitze und lasse sie für 20 Minuten leicht köcheln, bis sie weich sind. Gieße sie dann ab und lasse sie abkühlen.

2. Während die Linsen kochen, erhitzt du 1 TL Rapsöl in einer Pfanne. Dünste die Zwiebeln darin an, bis sie glasig sind. Füge die gewürfelten Tomaten und das Tomatenmark hinzu. Lasse die Sauce auf niedriger Flamme für 10 Minuten köcheln, bis sie eindickt. Mit Salz und Pfeffer abschmecken und beiseite stellen.

3. In einer großen Schüssel mischst du die gekochten Linsen, Vollkornbrotkrümel, Walnüsse, Zitronenabrieb, Paprika, Spinat und Zitronensaft. Mische alles gut durch, bis eine formbare Masse entsteht. Forme daraus 12 gleich große Bällchen.

4. Erhitze das Kokosöl und Olivenöl in einer Pfanne. Brate die Linsenbällchen darin goldbraun an, dies dauert etwa 3-4 Minuten pro Seite.

5. Die Linsenbällchen auf einen Teller legen und mit der Tomatensauce servieren.

Spaghetti aus Karotten mit Pesto

Zubereitungszeit: 20 Minuten
Portionen: 1 Person

Zutaten:

- 2 große Möhren, geschält und in Spaghetti-Form geschnitten
- 50 g Walnüsse
- 2 EL natives Olivenöl extra
- Eine Handvoll frischer Spinat, gewaschen
- 1 kleine Bio-Zitrone, Schale abgerieben und Saft
- 2 EL Kürbiskerne
- Salz und Pfeffer nach Geschmack
- 1 TL Rapsöl zum Anbraten
- 1 EL Hefeflocken (optional)

Zubereitung:

1. Starte mit dem Pesto: In einem Mixer oder einer Küchenmaschine gibst du die Walnüsse, Olivenöl, Spinat, Zitronenschale und -saft, Kürbiskerne und, wenn gewünscht, die Hefeflocken hinzu. Mixe alles zu einer gleichmäßigen Masse. Schmecke mit Salz und Pfeffer ab und stelle es beiseite.

2. Erhitze das Rapsöl in einer Pfanne bei mittlerer Hitze. Sobald es heiß ist, gib die Karottenspaghetti hinzu und brate sie 3-4 Minuten an, bis sie leicht weich, aber immer noch al dente sind.

3. Nimm die Pfanne vom Herd und rühre das Pesto unter die Karottenspaghetti, bis alles gut vermischt ist. Bei Bedarf kannst du noch etwas Salz und Pfeffer hinzufügen. Guten Appetit.

Auberginen-Röllchen mit Nussfüllung

Zubereitungszeit: 30 Minuten
Portionen: 1 Person

Zutaten:

- 1 mittelgroße Aubergine, in dünne Scheiben geschnitten
- 50 g Walnüsse, fein gehackt
- 50 g Cashewnüsse, fein gehackt
- 2 EL natives Olivenöl extra
- 1 kleine Zwiebel, fein gewürfelt
- 1 Knoblauchzehe, fein gehackt
- 100 ml Mandelmilch, ungesüßt
- 1 EL Zitronensaft von einer Bio-Zitrone
- Salz und Pfeffer nach Geschmack
- Einige Blätter frischer Spinat, gewaschen
- 2 EL Kokosöl zum Braten

Zubereitung:

1. Die Auberginenscheiben leicht salzen und etwa 10 Minuten stehen lassen. Danach mit einem Küchentuch abtupfen, um überschüssige Flüssigkeit zu entfernen.

2. In einer Pfanne das Kokosöl erhitzen und die Auberginenscheiben darin von beiden Seiten anbraten, bis sie weich und goldbraun sind. Herausnehmen und beiseite legen. Im gleichen Öl die Zwiebel und den Knoblauch anbraten, bis sie glasig sind.

3. Die gehackten Nüsse hinzufügen und kurz mitbraten. Danach die Mandelmilch und den Zitronensaft hinzufügen. Alles gut vermischen und mit Salz und Pfeffer abschmecken. Die Mischung sollte eine cremige Konsistenz haben.

4. Nun einen Löffel der Nussmischung auf eine Auberginenscheibe geben, ein paar Spinatblätter darauflegen und vorsichtig aufrollen. Mit den restlichen Auberginenscheiben wiederholen.

5. Die Röllchen in einer Auflaufform platzieren und im vorgeheizten Ofen bei 180 Grad für 10 Minuten backen, bis sie heiß sind.

6. Du kannst die Röllchen warm servieren und, falls gewünscht, mit ein wenig Olivenöl beträufeln.

Paprika gefüllt mit Quinoa

Zubereitungszeit: 30 Minuten
Portionen: 1 Person

Zutaten:

- 1 große rote Paprika, oben aufgeschnitten und entkernt
- 50 g Quinoa, gut gespült
- 100 ml Wasser
- 50 g schwarze Bohnen, abgetropft und gut gespült
- 30 g Möhren, gewürfelt
- 30 g Zucchini, gewürfelt
- 2 EL natives Olivenöl extra
- 1 Bio-Zitrone, Abrieb und Saft
- 1 EL gehackte Walnüsse
- 1 TL gehackte Petersilie
- Salz und Pfeffer nach Geschmack

Zubereitung:

1. Setze einen Topf mit dem Wasser auf und bringe es zum Kochen. Füge Quinoa und eine Prise Salz hinzu. Decke den Topf ab und reduziere die Hitze, sodass der Quinoa bei niedriger Hitze 15 Minuten köcheln kann, oder bis er weich ist und das Wasser absorbiert wurde. Nimm den Topf vom Herd und lass den Quinoa mit dem Deckel auf dem Topf 5 Minuten ruhen.

2. In der Zwischenzeit erhitze in einer Pfanne das Olivenöl. Füge Möhren und Zucchini hinzu und brate sie für 5-7 Minuten, oder bis sie weich sind.

3. Mische den gekochten Quinoa, die gebratenen Möhren und Zucchini, die schwarzen Bohnen, den Zitronenabrieb und -saft, die Walnüsse und die Petersilie in einer Schüssel. Würze mit Salz und Pfeffer nach Geschmack.

4. Fülle die Paprika mit der Quinoa-Mischung und setze den Paprikadeckel darauf.

5. Platziere die gefüllte Paprika in eine kleine Auflaufform und backe sie in einem vorgeheizten Ofen bei 200 Grad für 10-12 Minuten, oder bis die Paprika weich, aber noch bissfest ist.

6. Nimm die Paprika aus dem Ofen und serviere sie. Guten Appetit!

Kohlrabi-Spaghetti mit Pilzsoße

Zubereitungszeit: 25 Minuten
Portionen: 1 Person

Zutaten:

- 1 mittelgroßer Kohlrabi, geschält und in Spaghetti-Form geschnitten
- 200 g gemischte frische Pilze (z.B. Champignons, Shiitake), gesäubert und in Scheiben geschnitten
- 1 EL natives Olivenöl extra
- 2 TL frischer Thymian, gehackt
- 1 kleine Schalotte, fein gewürfelt
- 2 EL Mandelmilch, ungesüßt
- Salz und Pfeffer nach Geschmack
- 1 EL gehackte Walnüsse
- 1 TL frischer Bio-Zitronensaft
- Einige Blätter frischer Basilikum, zur Dekoration

Zubereitung:

1. Beginne damit, den Kohlrabi in Spaghetti-Form zu schneiden, entweder mit einem Spiralschneider oder mit einem Gemüsehobel.

2. In einer großen Pfanne das Olivenöl erhitzen. Die Schalotte hinzufügen und bei mittlerer Hitze glasig dünsten.

3. Füge nun die Pilzscheiben hinzu und brate sie an, bis sie leicht goldbraun sind.

4. Den frischen Thymian unterrühren und mit Mandelmilch ablöschen. Lass die Mischung kurz köcheln, bis eine leicht cremige Soße entsteht.

5. Die Kohlrabi-Spaghetti hinzufügen und alles gut vermengen. Einige Minuten weiterköcheln lassen, bis der Kohlrabi al dente ist.

6. Mit Salz, Pfeffer und Zitronensaft abschmecken.

7. Auf einen Teller geben, mit gehackten Walnüssen bestreuen und frischen Basilikumblättern garnieren.

Fenchel-Kartoffel-Auflauf

Zubereitungszeit: 35 Minuten
Portionen: 1 Person

Zutaten:

- 150 g Pellkartoffeln, in Scheiben geschnitten
- 1 mittelgroßer Fenchel, gewaschen und in dünne Streifen geschnitten
- 1 EL natives Olivenöl extra
- 1 Bio-Zitrone, der Saft und die Schale (abgerieben)
- 50 ml Mandelmilch, ungesüßt
- 2 EL Walnüsse, grob gehackt
- 1 EL Sonnenblumenkerne
- 1 EL frische Petersilie, gehackt
- Salz und Pfeffer nach Geschmack
- 2 EL Käse bis 45 % Fett i. Tr., gerieben (z.B. Mozzarella)

Zubereitung:

1. Den Backofen auf 190 Grad vorheizen.
2. In einer mittelgroßen Pfanne das Olivenöl erhitzen. Die Fenchelstreifen darin für etwa 5 Minuten anbraten, bis sie weich sind, aber noch etwas Biss haben.
3. Die Kartoffelscheiben zu dem Fenchel in die Pfanne geben und weitere 5 Minuten braten. Mit Salz, Pfeffer und Zitronensaft abschmecken.
4. Die Mischung aus Fenchel und Kartoffeln in eine kleine Auflaufform geben. Die Mandelmilch gleichmäßig darüber verteilen.
5. Walnüsse, Sonnenblumenkerne und Zitronenschale darüber streuen.
6. Den Käse über die Mischung reiben.
7. Den Auflauf im vorgeheizten Backofen für etwa 20 Minuten backen oder bis der Käse goldbraun und geschmolzen ist.
8. Zum Schluss mit frischer Petersilie bestreuen.

Brokkoli-Nuss-Pfanne

Zubereitungszeit: 20 Minuten
Portionen: 1 Person

Zutaten:

- 200 g Brokkoli, in kleine Röschen geteilt
- 40 g Walnüsse, grob gehackt
- 40 g Mandeln, grob gehackt
- 1 EL Kokosöl
- 1 kleine Zwiebel, gewürfelt
- 1 Knoblauchzehe, fein gehackt
- 1 EL natives Olivenöl extra
- 1 kleine Bio-Zitrone, Abrieb und Saft
- Salz und Pfeffer nach Geschmack
- 2 EL ungesüßte Mandelmilch
- 1 TL Rapsöl
- 1 Handvoll frischer Spinat
- 1 EL Sonnenblumenkerne

Zubereitung:

1. Das Kokosöl in einer Pfanne erhitzen. Die Zwiebel und den Knoblauch darin glasig dünsten.

2. Brokkoliröschen hinzugeben und 5-7 Minuten unter gelegentlichem Rühren braten, bis sie leicht gebräunt und noch bissfest sind.

3. Während der Brokkoli brät, in einer kleinen Pfanne das Rapsöl erhitzen und die Walnüsse, Mandeln und Sonnenblumenkerne kurz anrösten, bis sie goldbraun sind. Beiseite stellen.

4. Den Spinat zum Brokkoli in die Pfanne geben und kurz mitbraten, bis er zusammenfällt.

5. Olivenöl, Zitronenabrieb und -saft zur Pfanne geben und gut vermengen. Mit Salz und Pfeffer abschmecken.

6. Zum Schluss die gerösteten Nüsse und Kerne über das Gemüse streuen und die Mandelmilch darüber träufeln. Alles gut vermengen und vom Herd nehmen. Guten Appetit.

Spinat-Haferflocken-Pfannkuchen

Zubereitungszeit: 20 Minuten
Portionen: 1 Person

Zutaten:

- 50 g Haferflocken, grob
- 100 g Spinat, frisch und gewaschen
- 1 Bio-Ei
- 60 ml Mandelmilch, ungesüßt
- 1/2 Bio-Zitrone, der Saft davon
- 1 TL Rapsöl zum Braten
- 1 EL Walnüsse, grob gehackt
- Eine Prise Salz

Zubereitung:

1. Den frischen Spinat in einen Mixer geben und zu einer glatten Paste pürieren.

2. In einer Schüssel die Haferflocken mit dem Spinatpüree, Ei, Mandelmilch, Zitronensaft und einer Prise Salz vermischen. Alles gut verrühren, bis ein homogener Teig entsteht.

3. Eine Pfanne mit dem Rapsöl auf mittlerer Hitze erwärmen.

4. Sobald die Pfanne heiß ist, eine Kelle des Teigs in die Mitte geben und gleichmäßig verteilen, so dass ein runder Pfannkuchen entsteht. Den Pfannkuchen von beiden Seiten goldbraun braten, das dauert ca. 2-3 Minuten pro Seite.

5. Den fertigen Pfannkuchen auf einen Teller legen und mit den grob gehackten Walnüssen bestreuen.

6. Den Vorgang wiederholen, bis der Teig aufgebraucht ist.

Zucchiniboot mit Linsenfüllung

Zubereitungszeit: 25 Minuten
Portionen: 1 Person

Zutaten:

- 1 mittelgroße Zucchini, halbiert und entkernt
- 50 g rote Linsen, gewaschen und abgetropft
- 150 ml Wasser
- 1 TL natives Olivenöl extra
- 1 kleine Zwiebel, fein gewürfelt
- 1 kleine Möhre, fein gewürfelt
- 1 TL Tomate, gewürfelt
- 1 TL gehackte Walnüsse
- 1 Bio-Zitrone, Abrieb und etwas Saft
- 1 TL frischer Dill, gehackt
- Salz und Pfeffer nach Geschmack
- 1 TL natives Olivenöl extra zum Beträufeln
- 1 TL Kokosmilch, ungesüßt
- Einige Kürbiskerne zum Garnieren

Zubereitung:

1. Die Zucchini vorbereiten: Die Zucchini der Länge nach halbieren und mit einem Löffel das Innere entfernen, um eine Bootform zu erhalten. Die entfernten Zucchinistücke beiseitelegen.

2. Die Linsen in einem Topf mit 150 ml Wasser zum Kochen bringen. Auf kleiner Flamme köcheln lassen, bis die Linsen weich sind und das Wasser aufgenommen haben. Dies dauert etwa 10-12 Minuten.

3. Während die Linsen kochen, erhitzt du 1 TL Olivenöl in einer Pfanne. Die gewürfelte Zwiebel, Möhre und die beiseitegelegten Zucchinistücke hinzufügen und einige Minuten dünsten, bis sie weich sind.

4. Die gegarten Linsen, Walnüsse, Tomate und Zitronenabrieb zur Pfanne hinzufügen. Alles gut vermischen und mit Salz, Pfeffer und einigen Tropfen Zitronensaft abschmecken.

5. Dein Zucchiniboot mit der Linsenmischung füllen. Das Ganze leicht mit Olivenöl beträufeln und in eine Auflaufform setzen. Im vorgeheizten Backofen bei 180 Grad etwa 10 Minuten backen, bis die Zucchini weich und die Oberfläche der Füllung leicht goldbraun ist.

6. Zum Schluss das Zucchiniboot mit Kokosmilch beträufeln, mit frischem Dill, Kürbiskernen garnieren und servieren.

Gerstenrisotto mit Pilzen

Zubereitungszeit: 35 Minuten
Portionen: 1 Person

Zutaten:

- 60 g Gerstenkörner, gewaschen und abgetropft
- 200 g gemischte Pilze (z.B. Champignons, Shiitake), geputzt und in Scheiben geschnitten
- 1/2 kleine Zwiebel, fein gewürfelt
- 1 EL natives Olivenöl extra
- 1 kleine Bio-Zitrone, Abrieb und Saft
- 400 ml Wasser
- 1 EL Cashewnüsse, grob gehackt
- 1 kleine Knoblauchzehe, fein gehackt
- 1 TL frischer Thymian, gehackt
- 1 EL Mandelmilch, ungesüßt
- Salz und Pfeffer nach Geschmack
- 1 EL frische Petersilie, gehackt (zum Garnieren)

Zubereitung:

1. Du erwärmst das Olivenöl in einer mittelgroßen Pfanne bei mittlerer Hitze. Sobald es heiß ist, gibst du die Zwiebeln hinzu und dünstest sie, bis sie weich und durchsichtig sind.

2. Dann fügst du den Knoblauch und die Pilze hinzu. Lass alles etwa 5 Minuten köcheln, bis die Pilze ihre Flüssigkeit verlieren und beginnen, goldbraun zu werden.

3. Nun gibst du die Gerstenkörner hinzu und verrührst alles gut. Lass die Mischung ein paar Minuten kochen, damit die Gerste beginnt, ihre Stärke freizusetzen und das Ganze cremig wird.

4. Gieße das Wasser hinein und bringe die Mischung zum Kochen. Reduziere die Hitze und lass das Risotto 25-30 Minuten köcheln, bis die Gerste weich ist und das Wasser fast vollständig absorbiert wurde. Dabei immer mal wieder umrühren, um Anbrennen zu verhindern.

5. Füge den Zitronenabrieb, Zitronensaft, Thymian und Mandelmilch hinzu und rühre alles gut durch. Mit Salz und Pfeffer abschmecken.

6. Zum Schluss bestreust du das Risotto mit den gehackten Cashewnüssen und der frischen Petersilie.

Tomaten-Paprika-Gulasch

Zubereitungszeit: 35 Minuten
Portionen: 1 Person

Zutaten:

- 2 mittelgroße Tomaten, gewürfelt
- 1 rote Paprika, entkernt und gewürfelt
- 1 kleine Zwiebel, fein gehackt
- 1 Knoblauchzehe, fein gehackt
- 100 g frische Champignons, in Scheiben geschnitten
- 50 g grüne Bohnen, in kleine Stücke geschnitten
- 2 EL natives Olivenöl extra
- 50 ml ungesüßte Mandelmilch
- 1 EL Tomatenmark
- 1 TL Paprikapulver
- Eine Prise Chili
- Salz und Pfeffer zum Abschmecken
- 2 EL gehackte Walnüsse
- Frische Petersilie, gehackt, zum Garnieren

Zubereitung:

1. In einer Pfanne das Olivenöl erhitzen und die fein gehackte Zwiebel darin glasig dünsten.

2. Knoblauch, Tomaten und Paprika hinzufügen und einige Minuten anbraten, bis sie weich sind.

3. Champignons und grüne Bohnen hinzufügen. Weiterbraten, bis die Champignons ihre Flüssigkeit verloren haben.

4. Das Tomatenmark, Paprikapulver, Chili, Salz und Pfeffer hinzufügen und gut umrühren. Kurz köcheln lassen.

5. Die Mandelmilch einrühren, um dem Gulasch eine cremige Konsistenz zu geben. Weitere 5 Minuten köcheln lassen.

6. Zum Schluss die gehackten Walnüsse unterheben und das Gulasch mit frischer Petersilie garnieren.

Spinat-Bohnen-Burger

Zubereitungszeit: 30 Minuten
Portionen: 1 Person

Zutaten:

- 50 g frischer Spinat, gewaschen und grob gehackt
- 100 g Bohnen (z.B. schwarze Bohnen oder Kidneybohnen), abgespült und abgetropft
- 1 kleine rote Zwiebel, fein gewürfelt
- 2 EL Haferflocken
- 2 EL gehackte Walnüsse
- 1 EL natives Olivenöl extra
- 1 TL Rapsöl zum Anbraten
- Salz und Pfeffer nach Geschmack
- 1 EL frischer Bio-Zitronensaft
- 2 Vollkornbrötchen
- 2 EL Quark (bis 20 % Fett)
- Einige Scheiben Tomate und Gurke

Zubereitung:

1. Erhitze das Olivenöl in einer Pfanne und dünste die gewürfelte Zwiebel darin an, bis sie glasig ist.

2. Füge den Spinat hinzu und brate ihn kurz mit, bis er zusammenfällt. Nimm die Pfanne vom Herd und lass die Mischung etwas abkühlen.

3. Gib die Bohnen in eine Schüssel und zerdrücke sie mit einer Gabel zu einer groben Masse. Mische den Spinat und die Zwiebeln unter die Bohnenmasse.

4. Füge Haferflocken, Walnüsse, Zitronensaft, Salz und Pfeffer hinzu. Vermenge alles gut miteinander.

5. Teile die Masse in zwei Portionen und forme zwei Burger-Patties.

6. Erhitze das Rapsöl in einer Pfanne und brate die Patties darin von beiden Seiten goldbraun an.

7. Halbiere die Vollkornbrötchen und bestreiche die Unterseiten mit dem Quark. Lege die Patties darauf, belege sie mit Tomaten- und Gurkenscheiben und setze die oberen Brötchenhälften darauf.

Rosenkohlpfanne mit Mandelsplittern

Zubereitungszeit: 20 Minuten
Portionen: 1 Person

Zutaten:

- 150 g Rosenkohl, geputzt und halbiert
- 30 g Mandelsplitter
- 1 EL natives Olivenöl extra
- 1 kleine Bio-Zitrone, Abrieb und Saft
- 1/2 Apfel, gewürfelt
- 50 ml Mandelmilch, ungesüßt
- 1 TL Rapsöl
- 1 Prise Salz
- 1 EL frische Petersilie, gehackt

Zubereitung:

1. In einer Pfanne das Olivenöl erhitzen und den Rosenkohl darin für etwa 7 Minuten anbraten, bis er leicht goldbraun ist. Dabei regelmäßig wenden, damit er gleichmäßig gart.

2. Während der Rosenkohl brät, den Apfel würfeln und die Zitrone auspressen. Den Saft für später beiseite stellen.

3. Mandelsplitter in einer separaten Pfanne ohne Fett kurz anrösten, bis sie duften und leicht goldfarben sind. Achte darauf, sie nicht verbrennen zu lassen! Dann zur Seite stellen.

4. Den gewürfelten Apfel und den Zitronenabrieb zum Rosenkohl geben und weitere 3 Minuten braten.

5. Die Mandelmilch und den Zitronensaft hinzufügen und alles gut vermengen. Das Ganze bei mittlerer Hitze köcheln lassen, bis der Rosenkohl weich ist, aber noch Biss hat.

6. Mit Rapsöl, Salz und der gehackten Petersilie abschmecken.

7. Zum Schluss die gerösteten Mandelsplitter über die Pfanne streuen und alles nochmals gut vermengen. Guten Appetit.

Snacks

Mandel-Tomaten-Mix

Zubereitungszeit: 15 Minuten
Portionen: 1 Person

Zutaten:

- 100 g Cherrytomaten, halbiert
- 30 g Mandeln, grob gehackt
- 1 EL natives Olivenöl extra
- 1 kleine Bio-Zitrone, Schale abgerieben und Saft
- 1 TL frische Petersilie, fein gehackt
- 1 kleine Knoblauchzehe, fein gehackt
- Eine Prise Salz
- Einige Blätter frischer Basilikum, grob gehackt
- 2 EL Feta-Käse, gewürfelt

Zubereitung:

1. In einer kleinen Pfanne das Olivenöl auf mittlerer Stufe erhitzen. Die Mandeln hinzufügen und leicht anrösten, bis sie goldbraun und duftend sind. Vom Herd nehmen und beiseite stellen.

2. In einer Schüssel Cherrytomaten, geriebene Zitronenschale, Zitronensaft, Petersilie und Knoblauch vermengen. Mit einer Prise Salz abschmecken.

3. Den Mandel-Tomaten-Mix auf einen Teller geben, mit gehacktem Basilikum, Feta-Würfeln und den gerösteten Mandeln garnieren.

Paprika-Sticks mit Quarkdip

Zubereitungszeit: 10 Minuten
Portionen: 1 Person

Zutaten:

- 1 mittelgroße rote Paprika, gewaschen und in Sticks geschnitten
- 100 g Quark (bis 20 % Fett)
- 1 EL natives Olivenöl extra
- 1 EL frisch gehackte Petersilie
- Saft einer halben Bio-Zitrone
- 1 kleine Knoblauchzehe, fein gehackt
- Eine Prise Salz
- Einige Walnussstücke zur Dekoration
- 1 EL Kürbiskerne

Zubereitung:

1. In einer kleinen Schüssel den Quark, Olivenöl, Zitronensaft und Knoblauch miteinander verrühren, bis alles gut vermischt ist.
2. Die Petersilie unterheben und mit Salz abschmecken.
3. Den Dip in eine kleine Servierschale geben und mit Walnussstücken und Kürbiskernen bestreuen.
4. Die Paprika-Sticks daneben anrichten und servieren.

Gurkenröllchen mit Putenbrust

Zubereitungszeit: 20 Minuten
Portionen: 1 Person

Zutaten:

- 1 große, frische Gurke, in dünnen länglichen Scheiben geschnitten
- 5 Scheiben Putenbrustaufschnitt
- 5 EL Frischkäse (bis 20% Fett)
- Eine Handvoll gemischte Kräuter (z.B. Dill, Petersilie), fein gehackt
- 1 EL Zitronensaft
- 1 EL natives Olivenöl extra
- Eine Prise Pfeffer
- Eine Handvoll Radieschen, in dünne Scheiben geschnitten
- Einige Walnusskerne, grob gehackt

Zubereitung:

1. Mische den Frischkäse, die Kräuter und den Zitronensaft in einer kleinen Schüssel. Gib eine Prise Pfeffer hinzu und vermische alles gut.

2. Streiche eine dünne Schicht der Frischkäse-Kräutermischung auf jede Scheibe Putenbrust.

3. Nimm eine Gurkenscheibe und lege eine Scheibe Putenbrust darauf, sodass die Frischkäse-Kräutermischung nach oben zeigt.

4. Belege die Putenbrust vorsichtig mit einigen Radieschenscheiben und streue ein paar gehackte Walnusskerne darüber.

5. Rolle die Gurke vorsichtig um die Füllung, sodass du ein Röllchen erhältst. Befestige das Röllchen eventuell mit einem Zahnstocher.

6. Wiederhole dies für alle Gurkenscheiben und leg sie auf einen Teller.

7. Beträufle die Röllchen leicht mit Olivenöl und serviere sie.

Hummus mit Gemüsesticks

Zubereitungszeit: 15 Minuten
Portionen: 1 Person

Zutaten:

- 100 g Kichererbsen, abgetropft und abgespült
- 1 kleine Bio-Zitrone, Saft und ein wenig Abrieb
- 1 EL natives Olivenöl extra
- 1 kleine Knoblauchzehe, fein gehackt
- 2 EL Wasser
- 1 EL Tahin (Sesampaste)
- Eine Prise Salz
- 1 kleine Möhre, gewaschen und in Sticks geschnitten
- 1 kleine Gurke, gewaschen und in Sticks geschnitten
- 1 kleiner Paprika, gewaschen und in Sticks geschnitten
- Ein paar Radieschen, gewaschen und in Hälften geschnitten

Zubereitung:

1. Zunächst gibst du die Kichererbsen, den Zitronensaft und -abrieb, das Olivenöl, den Knoblauch, das Wasser, Tahin und eine Prise Salz in einen Mixer oder eine Küchenmaschine.

2. Mixe die Zutaten, bis sie eine cremige Konsistenz haben. Falls der Hummus zu dickflüssig ist, füge noch ein wenig Wasser hinzu. Schmecke den Hummus ab und füge bei Bedarf mehr Salz oder Zitronensaft hinzu.

3. Gib den Hummus in eine Schale.

4. Serviere den Hummus mit den vorbereiteten Gemüsesticks.

Cashew-Nuss-Mischung mit Kräutern

Zubereitungszeit: 10 Minuten
Portionen: 1 Person

Zutaten:

- 30 g Cashewnüsse, grob gehackt
- 10 g Kürbiskerne
- 5 g Sonnenblumenkerne
- 1 Bio-Zitrone, Abrieb
- 1 EL natives Olivenöl extra
- 1 TL frischer Thymian, fein gehackt
- 1 TL frischer Rosmarin, fein gehackt
- Eine Prise Salz

Zubereitung:

1. In einer Pfanne das Olivenöl auf mittlerer Hitze erwärmen.

2. Die Cashewnüsse, Kürbiskerne und Sonnenblumenkerne hinzufügen und leicht anrösten, bis sie goldbraun sind.

3. Während des Röstens die Nüsse und Kerne ständig bewegen, damit sie nicht verbrennen.

4. Den Zitronenabrieb, Thymian und Rosmarin hinzufügen und gut vermischen.

5. Alles mit einer Prise Salz abschmecken.

6. Die Mischung aus der Pfanne nehmen und auf einem Teller ausbreiten, damit sie abkühlt.

7. Nachdem sie abgekühlt ist, in eine Schüssel geben. Guten Appetit.

Apfelscheiben mit Walnussaufstrich

Zubereitungszeit: 15 Minuten
Portionen: 1 Person

Zutaten:

- 1 mittelgroßer Apfel, gewaschen und in Scheiben geschnitten
- 30 g Walnüsse, grob gehackt
- 1 TL Kokosöl
- 1 EL ungesüßte Mandelmilch
- Eine Prise Salz
- 1 TL frischer Bio-Zitronensaft
- 2 EL Naturjoghurt (bis 3,5 % Fett)
- Einige frische Himbeeren für die Garnierung

Zubereitung:

1. Du beginnst damit, die Walnüsse in einer kleinen Pfanne bei mittlerer Hitze leicht zu rösten. Das dauert etwa 3-4 Minuten, bis sie goldbraun sind und angenehm duften. Dabei immer wieder umrühren, damit sie nicht verbrennen.

2. Als nächstes gibst du die gerösteten Walnüsse in einen Mixer oder eine Küchenmaschine. Füge das Kokosöl, die Mandelmilch und eine Prise Salz hinzu und püriere alles zu einem cremigen Aufstrich.

3. Den Zitronensaft mit dem Naturjoghurt in einer kleinen Schüssel vermengen und beiseite stellen.

4. Nun geht es ans Anrichten: Verteile die Apfelscheiben auf einem Teller. Gib einen Klecks des Walnussaufstrichs auf jede Apfelscheibe und gib darüber jeweils einen kleinen Löffel des Zitronenjoghurts.

5. Zum Schluss garnierst du die Apfelscheiben mit einigen frischen Himbeeren. Fertig!

Vollkornbrot mit Avocado

Zubereitungszeit: 10 Minuten
Portionen: 1 Person

Zutaten:

- 2 Scheiben Vollkornbrot
- 1 reife Avocado, halbiert und entkernt
- 1 EL natives Olivenöl extra
- 1 Prise Salz
- 50 ml Mandelmilch, ungesüßt
- 5 Walnüsse, gehackt
- 1 kleine Bio-Zitrone, der Saft
- 3-4 Erdbeeren, gewaschen und in Scheiben geschnitten
- 1 EL Kürbiskerne

Zubereitung:

1. Die Vollkornbrotscheiben in einem Toaster oder in einer Pfanne ohne Fett von beiden Seiten goldbraun rösten.

2. Das Fruchtfleisch der Avocado in eine Schüssel löffeln. Den Zitronensaft und Olivenöl hinzufügen. Die Mischung mit einer Gabel zerdrücken, bis sie cremig ist. Falls du die Mischung etwas flüssiger magst, kannst du nach und nach etwas Mandelmilch dazugeben, bis die gewünschte Konsistenz erreicht ist. Mit Salz abschmecken.

3. Die Avocadocreme gleichmäßig auf die gerösteten Brotscheiben verteilen.

4. Die Erdbeerscheiben darauflegen.

5. Mit gehackten Walnüssen und Kürbiskernen bestreuen.

6. Einen kleinen Schuss Olivenöl über das Brot träufeln und servieren.

Oliven-Mandel-Snack

Zubereitungszeit: 10 Minuten
Portionen: 1 Person

Zutaten:

- 20 g Mandeln, ganz
- 10 entkernte Oliven, grün oder schwarz, grob gehackt
- 1 EL natives Olivenöl extra
- 1 kleine Bio-Zitrone, Abrieb und 1 TL Saft
- 1 TL Petersilie, fein gehackt
- Eine Prise schwarzer Pfeffer
- 1 TL Walnussöl

Zubereitung:

1. Zuerst eine kleine Pfanne auf mittlere Hitze erwärmen. Die Mandeln hinzufügen und für etwa 3 Minuten rösten, bis sie duften und leicht goldbraun sind. Dabei immer wieder umrühren, damit sie nicht verbrennen.

2. In eine Schüssel die gehackten Oliven, den Abrieb der Zitrone, den Zitronensaft und die gehackte Petersilie geben und gut vermischen.

3. Die gerösteten Mandeln zur Olivenmischung geben.

4. Das Olivenöl und das Walnussöl darüber träufeln und alles gut vermischen, bis die Mischung gut durchfeuchtet ist.

5. Mit einer Prise schwarzem Pfeffer abschmecken.

6. Den fertigen Snack in ein Schälchen füllen.

Radieschensalat mit Joghurt

Zubereitungszeit: 15 Minuten
Portionen: 1 Person

Zutaten:

- 7 Radieschen, gewaschen und in dünne Scheiben geschnitten
- 100 g Naturjoghurt (bis 3,5 % Fett)
- 1/2 Bio-Zitrone, Saft und etwas Abrieb
- 1 EL natives Olivenöl extra
- Eine Handvoll Walnüsse, grob gehackt
- 2 EL frische Kräuter (z.B. Petersilie und Schnittlauch), fein gehackt
- Salz und Pfeffer nach Geschmack
- 1 EL Kürbiskerne
- Einige Blätter Kopfsalat, gewaschen und zerrissen

Zubereitung:

1. Zuerst nimmst du eine Schüssel und gibst die fein geschnittenen Radieschen hinein.

2. Füge den Joghurt, den Zitronensaft und -abrieb sowie das Olivenöl hinzu und vermische alles gut miteinander.

3. Jetzt ist der Moment gekommen, um die Walnüsse, die Kräuter und die Kürbiskerne hinzuzufügen. Alles schön durchmischen.

4. Schmecke deinen Salat mit Salz und Pfeffer ab. Gib bei Bedarf auch ein wenig mehr Zitronensaft hinzu.

5. Die Kopfsalatblätter legst du als Basis in eine Schale oder auf einen Teller und gibst dann deine Radieschen-Joghurt-Mischung darüber.

Thunfisch-Paprika-Röllchen

Zubereitungszeit: 20 Minuten
Portionen: 1 Person

Zutaten:

- 1 mittelgroße rote Paprika, gewaschen und in dünne Streifen geschnitten
- 150 g Thunfisch aus der Dose, gut abgetropft
- 1 EL natives Olivenöl extra
- 1 Bio-Zitrone, Saft und Schale gerieben
- 2 EL Naturjoghurt (bis 3,5 % Fett)
- 2 EL gehackte Walnüsse
- 2 EL gehackte Petersilie
- Salz und Pfeffer nach Geschmack
- Einige Blätter frischer Spinat, gewaschen und trocken getupft

Zubereitung:

1. In einer Schüssel Thunfisch, Olivenöl, Zitronensaft, Zitronenschale, Naturjoghurt, Walnüsse und Petersilie vermengen. Mit Salz und Pfeffer abschmecken und gut durchrühren.

2. Lege einen Paprikastreifen flach vor dich hin. Auf das untere Ende des Streifens gibst du einen Esslöffel der Thunfischmischung. Füge noch ein oder zwei Spinatblätter hinzu.

3. Rolle die Paprika vorsichtig um die Füllung, sodass du ein Röllchen erhältst. Wiederhole diesen Schritt mit den restlichen Paprikastreifen.

4. Die fertigen Röllchen auf einem Teller anrichten.

Desserts

Apfelspalten mit Zimt und Mandeln

Zubereitungszeit: 15 Minuten
Portionen: 1 Person

Zutaten:

- 1 mittelgroßer Apfel, gewaschen und in dünne Spalten geschnitten
- 10 g Mandeln, grob gehackt
- 1 TL Zimt
- 1 TL Kokosöl
- 2 EL Mandelmilch, ungesüßt
- 1 EL saure Sahne (10 % Fett)
- 1 TL Bio-Zitronenschale, gerieben

Zubereitung:

1. Erhitze das Kokosöl in einer kleinen Pfanne bei mittlerer Hitze.

2. Füge die Apfelspalten hinzu und brate sie, bis sie anfangen weich zu werden und leicht goldbraun sind. Dies sollte ungefähr 3-4 Minuten pro Seite dauern.

3. Füge die Mandeln und den Zimt zu den Apfelspalten hinzu und verrühre alles vorsichtig, sodass die Apfelspalten gut mit den Mandeln und dem Zimt bedeckt sind. Lass alles weitere 2 Minuten braten.

4. Reduziere die Hitze auf niedrig und füge die Mandelmilch hinzu. Lass die Mischung 2-3 Minuten köcheln, bis sie leicht eindickt.

5. Schalte den Herd aus und rühre die saure Sahne und die Zitronenschale unter. Verteile die Mischung auf einem Dessertteller. Guten Appetit.

Beerenquark mit Walnüssen

Zubereitungszeit: 15 Minuten
Portionen: 1 Person

Zutaten:

- 150 g Quark (bis 20 % Fett)
- 50 ml ungesüßte Mandel-milch
- 1 EL gehackte Walnüsse
- 50 g gemischte Beeren (Him-beeren, Heidelbeeren, Jo-hannisbeeren)
- 1 TL geriebene Bio-Zitrone
- 1 TL Kokosöl
- 1 Prise Haferflocken
- Einige frische Minzblätter

Zubereitung:

1. Die Walnüsse in einer Pfanne mit dem Kokosöl leicht anrösten, bis sie duften. Anschließend beiseitelegen und abkühlen lassen.

2. Quark in eine Schale geben und mit der Mandelmilch glatt rühren. Falls die Mischung zu fest ist, kannst du noch ein wenig Mandelmilch hinzufügen, bis die gewünschte Konsistenz erreicht ist.

3. Die gemischten Beeren vorsichtig unter den Quark heben.

4. Die geriebene Zitrone zum Quark geben und alles gut vermischen.

5. Die gerösteten Walnüsse über den Beerenquark streuen.

6. Zum Schluss mit ein paar Haferflocken und frischen Minzblättern garnieren.

Kiwi-Mandel-Salat

Zubereitungszeit: 15 Minuten
Portionen: 1 Person

Zutaten:

- 2 reife Kiwis, geschält und gewürfelt
- 1 EL Mandeln, grob gehackt
- 50 g Blattsalat (nach Wahl, z.B. Römersalat), gewaschen und in mundgerechte Stücke zerrissen
- 1 EL natives Olivenöl extra
- Saft einer halben Bio-Zitrone
- Eine Prise Salz
- 2 EL ungesüßte Mandelmilch
- 1 TL Rapsöl
- 1 EL gehackte Walnüsse

Zubereitung:

1. In einer großen Schüssel die gewürfelte Kiwi, die gehackten Mandeln und den Blattsalat hinzufügen.

2. In einer kleinen Schüssel Olivenöl, Zitronensaft, Rapsöl, Salz und Mandelmilch vermischen, um ein Dressing herzustellen. Gut verrühren, bis alles gut vermischt ist.

3. Das Dressing über den Salat gießen und alles gut vermischen, damit die Zutaten gut miteinander vermischt sind.

4. Den Salat in eine Schüssel geben und mit den gehackten Walnüssen bestreuen.

Pflaumen im Naturjoghurt

Zubereitungszeit: 10 Minuten
Portionen: 1 Person

Zutaten:

- 3 frische Pflaumen, gewaschen und entsteint
- 150 ml Naturjoghurt (bis 3,5 % Fett)
- 1 EL Haferflocken
- 1 EL gehackte Walnüsse
- 1 TL geriebene Bio-Zitrone
- 1 EL Kürbiskerne
- Ein kleiner Schuss Mandelmilch, ungesüßt

Zubereitung:

1. Schneide die Pflaumen in kleine Würfel.

2. Nimm eine Schüssel zur Hand und gib den Naturjoghurt hinein. Wenn dir die Konsistenz zu dickflüssig ist, kannst du ein wenig Mandelmilch hinzufügen, um ihn cremiger zu machen.

3. Mische die Haferflocken und die Walnüsse unter den Joghurt.

4. Füge die gewürfelten Pflaumen hinzu und rühre alles gut durch.

5. Zum Schluss streust du die Kürbiskerne und die geriebene Zitronenschalen darüber.

Brombeer-Haferflocken-Crumble

Zubereitungszeit: 25 Minuten
Portionen: 1 Person

Zutaten:

- 100 g Brombeeren, gewaschen
- 40 g Haferflocken
- 15 g Mandeln, grob gehackt
- 10 g Walnüsse, grob gehackt
- 1 TL Bio-Zitronensaft
- 1 EL Kokosöl, geschmolzen
- 1 EL Mandelmilch, ungesüßt
- Eine Prise Salz
- 1/2 TL Zimt (nach Geschmack)

Zubereitung:

1. Heize den Ofen auf 180 Grad vor.

2. Nimm eine kleine ofenfeste Form und lege die Brombeeren hinein. Träufle den Zitronensaft darüber.

3. In einer separaten Schüssel vermische Haferflocken, gehackte Mandeln, Walnüsse, Zimt und Salz miteinander.

4. Gieße das geschmolzene Kokosöl und die Mandelmilch über die Haferflockenmischung und mische alles gut durch, bis die Haferflocken gut mit der Flüssigkeit benetzt sind.

5. Verteile die Haferflockenmischung gleichmäßig über die Brombeeren in der Form.

6. Stelle die Form in den vorgeheizten Ofen und backe für ca. 20 Minuten, oder bis die Oberfläche goldbraun und knusprig ist.

7. Nimm die Form aus dem Ofen und lasse den Crumble einige Minuten abkühlen. Guten Appetit.

Aprikosen mit Quarkfüllung

Zubereitungszeit: 20 Minuten
Portionen: 1 Person

Zutaten:

- 5 frische Aprikosen, halbiert und entsteint
- 100 g Quark (bis 20 % Fett)
- 1 TL Bio-Zitronenschale, gerieben
- 1 EL Mandelmilch, ungesüßt
- 1 TL Kürbiskerne, grob gehackt
- 1 EL Walnüsse, grob gehackt
- 1 TL natives Olivenöl extra
- Einige frische Minzblätter, gehackt (für die Dekoration)

Zubereitung:

1. Leg die Aprikosenhälften mit der Schnittfläche nach oben auf einen Teller.

2. In einer kleinen Schüssel den Quark, die geriebene Zitronenschale und die Mandelmilch gut vermischen. Sollte die Masse zu fest sein, noch einen Spritzer Mandelmilch hinzufügen.

3. In einer separaten kleinen Pfanne das Olivenöl erhitzen und die gehackten Walnüsse sowie Kürbiskerne darin kurz anrösten, bis sie duftend und leicht golden sind.

4. Die Quarkmischung gleichmäßig auf den Aprikosenhälften verteilen.

5. Die gerösteten Walnüsse und Kürbiskerne darüber streuen.

6. Mit den gehackten frischen Minzblättern garnieren.

Heidelbeer-Cashew-Dessert

Zubereitungszeit: 15 Minuten
Portionen: 1 Person

Zutaten:

- 50 g Heidelbeeren, gewaschen
- 30 g Cashewnüsse, grob gehackt
- 1 Bio-Zitrone, nur der Abrieb
- 3 EL Naturjoghurt (bis 3,5 % Fett)
- 1 TL natives Olivenöl extra
- 1 EL Kürbiskerne, geröstet
- 1 EL Mandelmilch, ungesüßt
- Eine Prise Salz

Zubereitung:

1. Röste die grob gehackten Cashewnüsse und Kürbiskerne in einer kleinen Pfanne ohne Öl für ca. 2-3 Minuten, bis sie leicht golden und duftend sind. Achte darauf, sie nicht zu verbrennen. Danach auf einen Teller geben und abkühlen lassen.

2. In einer kleinen Schüssel den Naturjoghurt mit der Mandelmilch und dem Olivenöl vermengen. Ein wenig Salz hinzufügen und gut umrühren.

3. Die Heidelbeeren und den Abrieb der Zitrone zur Joghurt-Mischung hinzufügen und vorsichtig unterheben.

4. Das Dessert in eine Schale oder ein Glas geben und mit den gerösteten Cashewnüssen und Kürbiskernen bestreuen. Fertig.

Papaya-Salat mit Kürbiskernen

Zubereitungszeit: 15 Minuten
Portionen: 1 Person

Zutaten:

- 1 reife Papaya, gewürfelt
- 2 EL Kürbiskerne, geröstet
- 1 kleine Bio-Zitrone, Saft und Abrieb
- 1 Handvoll Spinatblätter, gewaschen und grob gehackt
- 3 EL Quark (bis 20% Fett)
- 1 EL Walnussöl
- 1 EL gehackte Mandeln
- Eine Prise Salz
- Frische Minzblätter, gehackt

Zubereitung:

1. Die Papaya schälen, entkernen und in kleine Würfel schneiden. In eine Schüssel geben.
2. Den Spinat waschen, trocken tupfen und grob hacken. Zu der Papaya hinzufügen.
3. Die Kürbiskerne in einer kleinen Pfanne ohne Öl leicht rösten, bis sie duftend sind. Beiseite legen und abkühlen lassen.
4. In einer kleinen Schüssel Quark, Zitronensaft, Zitronenabrieb und Walnussöl miteinander vermengen. Mit einer Prise Salz abschmecken.
5. Die Quarkmischung über die Papaya und den Spinat geben und alles gut vermengen.
6. Den Salat mit gerösteten Kürbiskernen, gehackten Mandeln und frischen Minzblättern bestreuen.

Marillen-Creme mit Haferflocken

Zubereitungszeit: 20 Minuten
Portionen: 1 Person

Zutaten:

- 100 g Marillen (Aprikosen), entsteint und gewürfelt
- 40 g Haferflocken
- 100 ml Mandelmilch, ungesüßt
- 1 EL gehackte Mandeln
- 1 EL Kokosmilch, ungesüßt
- 1 Bio-Zitrone, Abrieb
- 1 EL Walnüsse, grob gehackt
- 1 TL Rapsöl
- Eine kleine Prise Salz

Zubereitung:

1. Erhitze die Mandelmilch in einem kleinen Topf, aber lass sie nicht kochen. Sobald sie warm ist, gib die Haferflocken hinzu und lass sie etwa 5-10 Minuten auf niedriger Hitze köcheln, bis sie weich sind und die Flüssigkeit aufgenommen haben.

2. Während die Haferflocken köcheln, erhitze das Rapsöl in einer Pfanne und röste die gewürfelten Marillen leicht an, bis sie beginnen, weich zu werden und ihre Süße freizusetzen. Das sollte etwa 3-5 Minuten dauern.

3. Nimm die Pfanne vom Herd und gib die Marillen zusammen mit dem Zitronenabrieb in die Haferflocken-Mischung. Vermenge alles gut.

4. Lass die Mischung ein wenig abkühlen. Füge dann die Kokosmilch hinzu und rühre alles gut durch, bis du eine cremige Konsistenz erhältst.

5. Zum Servieren gib die Marillen-Creme in eine Schüssel und garniere sie mit den gehackten Mandeln und Walnüssen.

Wassermelonen-Kiwi-Sorbet

Zubereitungszeit: 10 Minuten + Gefrierzeit
Portionen: 1 Person

Zutaten:

- 200 g Wassermelone, gewürfelt
- 1 Kiwi, geschält und gewürfelt
- 1 Bio-Zitrone, der Saft davon
- 10 g Walnüsse, grob gehackt
- 1 TL natives Olivenöl extra
- 1 EL Mandelmilch, ungesüßt
- Ein kleiner Zweig Minze (nur die Blätter)

Zubereitung:

1. Die gewürfelte Wassermelone und Kiwi in eine Schüssel geben. Den Saft der Zitrone darüberpressen.

2. Das Fruchtmischung mit einem Stabmixer pürieren, bis eine glatte Masse entsteht.

3. Die Mandelmilch und das Olivenöl hinzufügen und alles noch einmal kurz mixen, bis sich alles gut vermischt hat.

4. Die Sorbetmasse in eine flache, gefriergeeignete Form füllen und für mindestens 4 Stunden oder über Nacht in den Gefrierschrank stellen.

5. Vor dem Servieren das Sorbet etwa 10 Minuten bei Raumtemperatur antauen lassen. Währenddessen die Walnüsse in einer kleinen Pfanne ohne Fett leicht anrösten, bis sie duften.

6. Das Sorbet mit einem Löffel portionieren und auf einem Teller anrichten. Die gerösteten Walnüsse und die Minzeblätter darüber streuen. Lass es dir schmecken.

Schlusswort

Liebe Leserin, lieber Leser,

Ich hoffe, dass jedes Rezept, das du ausprobiert hast, ein Schritt auf deinem Weg zu einer bewussteren und gesünderen Ernährungsweise war. Mögen diese Seiten dich inspiriert haben, dich kreativ in der Küche auszuleben, zu experimentieren und vielleicht sogar deine eigenen Rezepte zu kreieren.

Dieses Buch ist mehr als nur eine Sammlung von Rezepten; es ist ein Ausdruck der Überzeugung, dass leckeres Essen und Gesundheit Hand in Hand gehen können. Gesundheit ist kein Zustand, sondern ein fortlaufender Prozess. Und jeder kleine Schritt, jede einzelne Entscheidung, die wir treffen, führt uns auf diesem Weg weiter.

In diesem Sinne möchte ich dich ermutigen, weiterhin Neues auszuprobieren, deine Grenzen in der Küche zu erweitern und vor allem, Freude am Kochen und Essen zu haben. Und denke daran: Das Wichtigste ist nicht das perfekte Gericht, sondern die Liebe und Sorgfalt, die wir hineinstecken.

Deine Carina Lehmann

Impressum

Copyright © 2024 – Carina Lehmann
Verlagslabel: Kochfanatiker Verlag

Dieses Buch wurde mit der Unterstützung von KI erstellt.

ISBN Taschenbuch: 978-3-384-22310-4
ISBN Hardcover: 978-3-384-22311-1
ISBN E-Book: 978-3-384-22312-8

Druck und Distribution im Auftrag des Autors/der Autorin:
tredition GmbH, Heinz-Beusen-Stieg 5, 22926 Ahrensburg, Deutschland

www.ingramcontent.com/pod-product-compliance
Lightning Source LLC
LaVergne TN
LVHW051256200726
843510LV00010B/1154